上海立信会计金融学院

金融学教学案例

张云　韩云　主编

中国财经出版传媒集团
中国财政经济出版社

图书在版编目（CIP）数据

金融学教学案例／张云，韩云主编． ――北京：中国财政经济出版社，2022.9

ISBN 978 – 7 – 5223 – 1112 – 8

Ⅰ.①金… Ⅱ.①张… 韩… Ⅲ.①金融学 – 案例 – 高等学校 – 教学参考资料 Ⅳ.①F830

中国版本图书馆 CIP 数据核字（2022）第 014148 号

责任编辑：叶　彤　　　　　　　责任校对：徐艳丽
封面设计：北京兰卡绘世　　　　责任印制：党　辉

金融学教学案例

JINRONGXUE JIAOXUE ANLI

中国财政经济出版社 出版

URL：http：//www.cfeph.cn

E – mail：cfeph@ cfeph.cn

（版权所有　翻印必究）

社址：北京市海淀区阜成路甲 28 号　邮政编码：100142

营销中心电话：010 – 88191522

天猫网店：中国财政经济出版社旗舰店

网址：https：//zgczjjcbs.tmall.com

北京鑫海金澳胶印有限公司印刷　各地新华书店经销

成品尺寸：185mm×260mm　16 开　11.75 印张　207 000 字

2022 年 9 月第 1 版　2022 年 9 月北京第 1 次印刷

定价：60.00 元

ISBN 978 – 7 – 5223 – 1112 – 8

（图书出现印装问题，本社负责调换，电话：010 – 88190548）

本社质量投诉电话：010 – 88190744

打击盗版举报热线：010 – 88191661　　QQ：2242791300

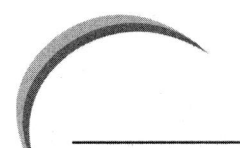

目 录

案例1 我国刑法修正与自洗钱行为入罪的案例分析 …………………………（1）
    一、洗钱罪审理有争议的案例 …………………………………………（3）
    二、《刑法修正案（十一）》将自洗钱行为入罪 ………………………（5）
    三、将自洗钱行为入罪的意义 …………………………………………（6）
    四、自洗钱入罪后的案件审理 …………………………………………（7）
    五、本案例分析的推广价值 ……………………………………………（8）

案例2 中小型股份制商业银行信用风险管理研究
    ——基于BS银行破产事件的案例分析 …………………………（11）
    一、引言 …………………………………………………………………（13）
    二、案例介绍 ……………………………………………………………（13）
    三、案例分析与讨论 ……………………………………………………（16）
    四、结论 …………………………………………………………………（21）

案例3 管理者过度自信对企业并购行为的影响
    ——以LS公司退市为例 …………………………………………（23）
    一、引言 …………………………………………………………………（25）
    二、案例介绍 ……………………………………………………………（26）
    三、管理者过度自信特征表现及其对并购行为的影响 ………………（29）
    四、结论与建议 …………………………………………………………（34）

案例 4　基于信用评级视角的企业财务风险分析
　　——以汽车制造行业企业为例 …………………………………… （37）
　　一、汽车制造行业信用评级模型的基本思路与框架 ……………… （39）
　　二、汽车制造行业信用评级财务风险分析要素及主要指标 ……… （41）
　　三、以浙江 JL 控股集团为例的财务风险分析 …………………… （43）
　　四、小结：基于信用评级视角的汽车制造行业企业财务风险分析要点
　　　　…………………………………………………………………… （48）

案例 5　上市公司并购重组内幕交易
　　——基于周某和内幕交易案的分析 …………………………… （53）
　　一、引言 ………………………………………………………………… （55）
　　二、内幕交易原因分析 ………………………………………………… （55）
　　三、内幕交易法律法规与金融伦理建设 ……………………………… （57）
　　四、内幕交易案例分析 ………………………………………………… （58）

案例 6　协整模型在证券分析中的应用
　　——以我国股指期现货价格的领先滞后关系为例 …………… （63）
　　一、协整模型 …………………………………………………………… （65）
　　二、我国股指期现货价格的领先滞后关系研究 ……………………… （66）
　　三、总结与思考 ………………………………………………………… （72）

案例 7　产业资本投资与企业研发创新融合的案例分析
　　——法国 SGB 集团的创新投资 ………………………………… （73）
　　一、相关专业知识 ……………………………………………………… （75）
　　二、案例介绍 …………………………………………………………… （76）
　　三、案例分析 …………………………………………………………… （77）

案例 8　上海市长期护理保险试点实践模式
　　——DNL 街道案例分析 ………………………………………… （87）
　　一、上海 DNL 街道试点案例 ………………………………………… （89）
　　二、DNL 街道长期护理保险案例总结 ……………………………… （94）
　　三、上海长期护理保险筹资模式问题分析 …………………………… （95）

案例 9　企业债违约之河南 YM 超短融违约案例分析 (101)
　　一、案例介绍 (103)
　　二、案例相关专业知识 (104)
　　三、案例分析 (107)
　　四、案例启示 (111)

案例 10　J 银行信贷管理案例分析 (113)
　　一、基本概念及管理理论 (115)
　　二、案例分析 (120)
　　三、J 银行信贷风险管理启示 (124)

案例 11　B-S 模型在可转债定价中的应用案例 (127)
　　一、案例背景 (129)
　　二、案例相关专业知识 (129)
　　三、案例要求和操作要点指导 (133)
　　四、应用实例 (136)

案例 12　上市公司信息披露违法违规与金融伦理
　　　　　——对 JYKJ 信息披露违法违规的案例分析 (141)
　　一、JYKJ 信息披露违法违规案例展示 (143)
　　二、对 JYKJ 信息披露违法违规案例的金融伦理学分析 (145)
　　三、思考与建议 (146)

案例 13　金融理财综合规划案例 (149)
　　一、金融理财规划的基本内容 (151)
　　二、金融理财规划的基本步骤 (151)
　　三、案例情景：赵先生家庭的财务现状及理财需求 (154)
　　四、案例分析：赵先生家庭的金融理财规划 (155)

案例 1

我国刑法修正与自洗钱行为入罪的案例分析

储 峥 何锦儿[*]

《中华人民共和国刑法修正案（十一）》将自洗钱行为纳入洗钱罪。这一重大修订加强了对洗钱犯罪行为的打击，与国际公约接轨，符合国际社会加强反洗钱的要求，将对我国司法实践、经济金融安全、社会稳定产生深远的影响。本案例通过分析判定洗钱罪的案例材料，比较刑法修订前后对洗钱行为定罪的区别。反洗钱人人有责，社会公众应该学习刑法最新修订的内容，提高反洗钱意识。

---

[*] 储峥，第一作者，女，经济学博士，上海立信会计金融学院副教授，研究方向为金融监管。何锦儿，女，上海立信会计金融学院金融学专业2017级学生，现为中国政法大学研究生。

作为一个法律概念,"洗钱"一词最早由联合国在1988年提出[①],主要是指隐瞒和掩饰犯罪所得的来源和性质,即将黑钱洗白。随着越来越多的国家出台打击洗钱活动的相关法律法规,洗钱的范围有所扩大,增加了上游犯罪(如美国法律规定的上游犯罪有100多种),在有的国家(如美国),即便是合法的收入或资金来源,如果故意违反了反洗钱法律(如大额现金存款的申报制度),也涉嫌洗钱犯罪。

我国在1997年刑法中明确规定了洗钱罪。时至今日,刑法经过多次修订,洗钱的上游犯罪、洗钱手段、处罚等相对最初的规定均有所变化。在司法实践中,最高人民法院在2009年颁布了审理洗钱相关案件的司法解释。

一、洗钱罪审理有争议的案例

(一)案例材料

杨某(女)与唐某(男)是恋人,并且同居。杨某无正当工作和收入来源。唐某伙同他人在西南地区某省某地制造60余千克毒品,并进行贩卖。在将毒品出售后,唐某将640万元犯罪所得交杨某处理。杨某利用不同手段隐匿非法所得的来源和性质,如取现、利用他人账户转账、转换为金融资产和不动产等。杨某将上述款项中的420万元用于购买理财产品,140万元用于购买住房一套,80万元用于购买轿车一辆。唐某因制毒贩毒被抓捕归案,杨某因帮助其处理非法所得也被立案调查。

检察机关认为,在明知钱款为唐某毒品犯罪所得的情况下,杨某仍然帮助唐某处理非法收入,掩饰、隐瞒资金来源和性质,违反刑法第191条的规定,应当以洗钱罪追究其刑事责任。杨某辩称,她没有参与唐某制毒贩毒的行为,并不知道钱款来源于非法的毒品交易,以为是唐某承包工程的收入。

一审法院认为,杨某和唐某生活在一起,应当知道唐某的工作和收入情况,应当明知仅凭唐某的合法收入,拿不出那么多钱用于买房买车,杨某知道或应当知道唐某的收入来路不明或者不正当。因此,一审认定杨某犯有掩饰、隐瞒犯罪所得罪,刑期为四年六个月,并处5万元罚金。

该省某县人民检察院却认为一审判决存在定性错误问题。按照我国刑法和反洗钱

[①] 在联合国公布的《反对非法交易麻醉品和精神病药物公约》中,"洗钱是为隐瞒和掩饰因制造、贩卖、运输任何麻醉药品和精神药物所得之非法财产的来源,而将该财产转换或转移"。

法对洗钱罪上游犯罪的相关规定，毒品交易是上游犯罪之一，杨某所犯应该是洗钱罪。该检察院提起抗诉，积极主动配合公安部门取证。一些唐某的同案犯提供了证据，证实杨某在制造毒品时曾参与过讨论，如：应该用哪一种容器更好，从而证明杨某实际上明知唐某从事的是毒品交易。银行转账记录也显示，由杨某处理的款项均来自于唐某的转账。

上一级人民法院采纳了检察院的抗诉意见，最终认定杨某犯有洗钱罪，判处其有期徒刑五年，并处60万元罚金。可以看出，对洗钱行为的处罚要比掩饰、隐瞒犯罪所得的重。

（二）案例分析

1. 检察机关需要证明嫌疑人"明知"，才能认定其犯有洗钱罪

"明知"是当事人的一种主观意识，难以有直接的证据证明。嫌疑人不用证明自己在洗钱行为上的主观故意；检察机关需要证明嫌疑人"明知"，存在故意行为，在证据收集上存在难度。

根据最高人民法院2009年颁布的有关洗钱案件审理的相关司法解释①，在司法实践中，确定是否为明知时，采用推定的方法，除非有确凿的证据表明被告人对款项是否是上游犯罪的他人的犯罪所得及收益确实不知情，否则，嫌疑人存在掩饰、隐瞒犯罪所得及其相关收益的行为，如果和日常生活经验、生产经验不一致并且没有正当的解释理由，一般就可以推定嫌疑人"应当知道"，属于主观故意。

在本案中，杨某辩称自己不知道处理的是毒品交易所得，却又不能提供证据证明。因此，根据推定的方法，结合嫌疑人的情况和同案犯提供的相关证据，可以证明杨某对毒品交易所得属于"明知"，符合以洗钱罪论处的主观故意的条件。

2. 洗钱罪不包括自洗钱行为

自洗钱指的是在实施上游犯罪行为之后，犯罪嫌疑人对违法犯罪所得及其收益用多种手段进行清洗，使之表面上合法化的行为。在《刑法修正案（十一）》颁布之前，洗钱犯罪均系针对第三方的协助洗钱行为，即他洗钱行为，不包括为行为人自己洗钱的情况。我国刑法并未把自洗钱行为规定为一种独立的犯罪，在司法实践中，一般将

---

① 《最高人民法院关于审理洗钱等刑事案件具体应用法律若干问题的解释》的第一条规定，刑法第一百九十一条、第三百一十二条规定的"明知"，应当结合被告人的认知能力，接触他人犯罪所得及其收益的情况，犯罪所得及其收益的种类、数额，犯罪所得及其收益的转换、转移方式以及被告人的供述等主、客观因素进行认定。该司法解释规定了十二种可以认定为"明知"的具体情况和行为。

其视为上游犯罪的量刑情节加以考虑。

在杨某洗钱案中，唐某制毒贩毒，并将犯罪所得交由杨某处理，但是，唐某却并不以洗钱罪论处。根据当时刑法的规定和司法实践，洗钱罪是一项独立的罪名，从事上游犯罪的当事人会以所涉及的上游犯罪判刑，并不会和洗钱罪数罪并罚。

二、《刑法修正案（十一）》将自洗钱行为入罪

和以前的规定相比较，《刑法修正案（十一）》对于洗钱罪作了重大修改①，将自洗钱行为纳入洗钱罪的范围，删除了"明知"、三处的"协助"，修改了洗钱行为（四）的规定，取消了罚金数额上下限的规定，具体区别如表1-1所示。

表1-1　　　　　　《刑法修正案》（六）和（十一）第191条的区别

条款内容	《刑法修正案（六）》191条	《刑法修正案（十一）》191条
上游犯罪	七种罪行，如：毒品犯罪、贪污贿赂犯罪等	未变化
主观要件	存在主观上"明知"上游犯罪所得的条件	删除"明知是"
客观要件	（二）协助将财产转换为现金、金融票据、有价证券的；（三）通过转账或者其他结算方式协助资金转移的；（四）协助将资金汇往境外的	删除了原文中的三处"协助"，修改了第（四），即将自洗钱纳入犯罪（四）跨境转移资产的
犯罪刑罚	洗钱数额百分之五以上百分之二十以下罚金	取消了罚款的比例和上下限的规定

在杨某洗钱案中，进行毒品交易的唐某没有因为洗钱行为受到法律制裁。但是，根据《刑法修正案（十一）》，唐某的行为属于自洗钱，属于洗钱罪定罪的范围。

---

① 2020年12月通过、2021年3月1日实施的《刑法修正案（十一）》将刑法第191条修改为："为掩饰、隐瞒毒品犯罪、黑社会性质的组织犯罪、恐怖活动犯罪、走私犯罪、贪污贿赂犯罪、破坏金融管理秩序犯罪、金融诈骗罪的所得及其产生的收益的来源和性质，有下列行为之一的，没收实施以上犯罪的所得及其产生的收益，处五年以下有期徒刑或者拘役，并处或者单处罚金；情节严重的，处五年以上十年以下有期徒刑，并处罚金：（一）提供资金账户的；（二）将财产转换为现金、金融票据、有价证券的；（三）通过转账或者其他支付结算方式转移资金的；（四）跨境转移资产的；（五）以其他方法掩饰、隐瞒犯罪所得及其收益的来源和性质的。单位犯前款罪的，对单位判处罚金，并对其直接负责的主管人员和其他直接责任人员，依照前款的规定处罚。"2020年12月通过、2021年3月1日实施的刑法修正案（十一）将刑法第191条修改为："为掩饰、隐瞒毒品犯罪、黑社会性质的组织犯罪、恐怖活动犯罪、走私犯罪、贪污贿赂犯罪、破坏金融管理秩序犯罪、金融诈骗罪的所得及其产生的收益的来源和性质，有下列行为之一的，没收实施以上犯罪的所得及其产生的收益，处五年以下有期徒刑或者拘役，并处或者单处罚金；情节严重的，处五年以上十年以下有期徒刑，并处罚金：（一）提供资金账户的；（二）将财产转换为现金、金融票据、有价证券的；（三）通过转账或者其他支付结算方式转移资金的；（四）跨境转移资产的；（五）以其他方法掩饰、隐瞒犯罪所得及其收益的来源和性质的。单位犯前款罪的，对单位判处罚金，并对其直接负责的主管人员和其他直接责任人员，依照前款的规定处罚。"

三、将自洗钱行为入罪的意义

(一) 彰显我国政府加大打击洗钱犯罪的决心

2020年，全国检察机关共批准逮捕洗钱犯罪221人，提起公诉707人，较2019年分别上升106.5%和368.2%。

在我国司法实践中，自洗钱行为被当作上游犯罪的附属行为处理，查处的重点是上游犯罪行为，而非自洗钱本身，使得大量赃款难以追踪和追回。尤其在贪污腐败案件中，涉案金额巨大，贪污受贿的官员将违法所得由自己想方设法处置或者交由洗钱犯罪分子"洗白"，但是，这些人却不以洗钱罪论处。虽然涉及上游犯罪的案件较多，但是，以洗钱罪判决的案件全部是他洗钱行为，从数量上看相对较少。因此，自洗钱行为没有入罪，引起很大的争议。

量刑时，洗钱行为仅仅当作上游犯罪的量刑情节加以考虑，处罚普遍过于轻缓。这种处理结果与洗钱行为对社会造成的严重危害性不成比例，不利于打击洗钱犯罪行为和洗钱犯罪分子。

《刑法修正案（十一）》删除了"明知""协助"，考虑到了自洗钱行为产生的危害。触犯洗钱罪上游犯罪的行为，也可能同时触及洗钱罪。该修正案正式实施后，将对案件审理产生广泛、深远的影响，有利于加大对洗钱犯罪活动的打击力度。

(二) 符合国际公约的要求

联合国颁布的多项国际公约①均规定自洗钱行为构成犯罪，并要求各缔约国在不违反本国法律制度基本原则的前提下将自洗钱行为规定为独立的犯罪。我国已经签署了上述公约，然而，在刑法以及案件审理中，未将自洗钱行为定义为洗钱犯罪。

正是基于此情况，2019年4月，FATF在发布的第四轮互评估报告中，对中国履行FATF四十条建议中的第3条，即关于洗钱犯罪的法律制度，评估结果是部分合规，原因之一就是我国没有将自洗钱行为纳入洗钱犯罪的范围，违背了国际公约的要求和FATF的建议。

---

① 如《禁毒公约》第1条、《打击跨国有组织犯罪公约》第6条以及《反腐败公约》第23条。

目前，其他国家、联合国和国际反洗钱组织纷纷要求各国加大对洗钱犯罪的打击力度。在《刑法修正案（十一）》中，自洗钱行为被规定为洗钱罪，符合国际公约的要求，有利于加强我国和他国以及国际反洗钱组织之间的合作。

（三）借鉴他国经验

在英美法系国家，其反洗钱立法并没有对自洗钱行为和为其他人洗钱做出明确的区分。《美洲国家组织关于洗钱犯罪的模式规则》第2条将洗钱行为主体规定为"任何人"，说明洗钱行为涵盖了自洗钱行为。英国在1990年颁布的《刑事司法（国际合作）法令》和在1993年颁布的《刑事司法令》均将自洗钱行为规定为犯罪。发生在美国著名的麦道夫金融诈骗案中，麦道夫以诈骗、洗钱等数罪并罚，共被判150年刑期。

我国刑法对洗钱罪的刑期和罚金，相对于洗钱犯罪的社会危害而言，普遍认为较轻。从学者到监管主体，都呼吁应加重对违法犯罪行为的惩罚。此次的刑法修正案取消了对洗钱犯罪行为的罚金的数额限制，有利于震慑犯罪分子，打击上游犯罪和洗钱犯罪行为。

四、自洗钱入罪后的案件审理

自2021年3月1日之后，《刑法修订案（十一）》正式实施，在司法实践中已经有将自洗钱行为入罪的审理案件。

2021年4月，在安徽省合肥市，犯罪嫌疑人贾某与他人合谋贩卖毒品。获得非法所得后，贾某自己通过第三方支付平台将款项转给他人，并要求他人分多次、小额将款项再转给他。当地的检察院认定，贾某的行为除了涉嫌毒品犯罪，还同时构成洗钱罪。

2021年10月，南京市中级人民法院一审公开开庭审理了一起国家公职人员犯贪污罪和洗钱罪的案件。被告人纪某利用职务之便，套取单位公款4000多万元，数额特别巨大。纪某将犯罪所得通过他人的银行卡、第三方结算平台等进行多次转账。我国刑法和反洗钱法均将贪污贿赂列为洗钱的上游犯罪。法院当庭宣判，对纪某以贪污罪、洗钱罪数罪并罚，判处有期徒刑十四年六个月，并处罚金460万元。这是南京宣判的首例自洗钱案件。

2021年9月，广东省惠州市审理了一对夫妻自洗钱案件。在该案件中，张某夫妻贩卖含有毒品成份的药水，从中获取非法所得，并利用银行账户、第三方支付平台账户等多次转账，处理上述非法所得，以达到掩饰、隐瞒毒品犯罪所得的来源和性质的目的。法院认定夫妻两人均犯有贩卖毒品罪、洗钱罪，数罪并罚，分别判处夫妻两人有期徒刑四年、二年六个月，并处罚金9.6万元、8万元。被告人当庭表示服从判决，不上诉。这是广东省宣判的首例自洗钱案件。

五、本案例分析的推广价值

（一）有利于维护一国经济金融安全

目前，一切可能被利用的方法或者商品几乎都出现在洗钱活动中。洗钱行为可谓无孔不入，渗透到社会和经济生活的方方面面。随着全球金融市场的开放与发展，高科技在经济中的广泛运用，金融创新层出不穷，非面对面交易日益增加，资金在全球流动的速度加快，洗钱犯罪的手段更加隐蔽，向反洗钱监管部门提出了挑战。因此，很难确定一国洗钱犯罪涉及的资金规模到底有多大。

洗钱犯罪是事关一国经济金融安全的系统性风险。《刑法修正案（十一）》顺应了加大打击洗钱犯罪力度的要求，扩大了洗钱罪的范围，加重了对洗钱犯罪行为的处罚力度，有利于严惩洗钱犯罪行为，为我国经济金融系统的安全和发展保驾护航。

（二）有利于维护社会稳定

有的政府官员枉顾法律约束，利用职权，大肆敛财，其非法收入需要借助洗钱活动"洗白"；有的与洗钱者沆瀣一气，为犯罪分子进行洗钱提供各种便利。这些行为如果没有及时得到法律的严厉制裁，会助长贪污腐败、洗钱犯罪等违法行为，对一个国家在国际上的声誉和形象产生严重的不良影响。

洗钱者通过非法活动取得犯罪收入，将其利用各种手段清洗为表面上合法的收入，过上富裕生活，造成社会财富占有和分配的不公平，对其他守法、辛勤的劳动者产生恶劣的示范效应。洗钱分子通过和不法官员相勾结，从事犯罪活动，扰乱正常的经济交易活动，容易引发社会动荡，会影响一国的社会稳定。

此次的刑法修正案加重了对洗钱犯罪行为的打击力度，彰显了我国政府打击洗钱犯罪的决心，因此，有利于打击洗钱犯罪的上游犯罪和洗钱罪，从而有利于提升一国的政治声誉和国际形象，维护公平竞争，维护经济运行的正常秩序。

(三) 有利于促使反洗钱责任主体切实履行反洗钱义务

对于金融机构和特定非金融机构，我国政府颁布了相关的反洗钱法律法规，现阶段反洗钱监管的重点主要是商业银行、保险、证券行业。虽然反洗钱责任主体意识到加强合规和洗钱风险管理的必要性，但是，在市场竞争中，依然存在"业绩为王"的现象，将合规管理与风险控制摆在第二位。打击洗钱行为需要责任主体付出人力、物力、时间和机会成本的代价。由于存在正的外部性，可能出现"搭便车"行为，导致切实履行反洗钱义务的责任主体少。

《刑法修正案（十一）》仍然体现了"双罚"的惩罚措施，对于进行洗钱犯罪行为的个人和单位及其主要负责人、相关责任人员，均加重了罚金和刑期的处罚。这促使反洗钱责任主体不能再盲从于追逐利润的目标，而是要在合法合规的框架内，认真执行合规管理制度，履行反洗钱责任，避免违规违法行为的发生，维护机构的良好信誉。

(四) 有利于提高居民反洗钱意识

社会公众一般认为，洗钱是影视作品中发生的事情，往往与黑社会犯罪、毒品交易、贪污腐败相关，离自己的生活和工作比较远。现实中，洗钱犯罪分子往往是以亲朋好友的名义（以代持的名义等），利用他们的资金账户（常见的是证券投资账户、银行账户、第三方支付账户等），从事洗钱犯罪活动。

根据刑法修正案的最新规定，不再要求检察机关证明"明知"，即在洗钱行为上存在主观故意。这一规定意味着日常生活中常见的帮助别人转账、将账户借给别人使用等，如果涉及上游犯罪，只要有符合洗钱罪规定的行为，即便不是"明知"，情节严重的，仍然可能触及洗钱罪。所以，每一位居民都有必要加强对洗钱犯罪相关法律知识的学习，提高反洗钱意识，保护好自己的资金和账户。反洗钱人人有责，如果遇到可疑交易行为，应及时向相关政府部门举报。

参考文献

[1] 刑法修正案（六）、刑法修正案（十一）.

[2] 金赛波，付荣. 中国法院审理洗钱罪实务和案例判决书精选 [M]. 法律出版社，2016.

［3］侯合心．国际国内洗钱刑事定罪立法与监管比较研究［M］．中国金融出版社，2015.12

［4］金赛波，付荣．中国法院审理洗钱罪实务和案例判决书精选［M］．法律出版社，2016.10

［5］王新．自洗钱入罪的意义与司法适用，正义网，2021.3.25

［6］刑法修正案（六）、（十一），全国人大颁布

［7］《反洗钱法释义》编写组．中华人民共和国反洗钱法释义［M］．中国法制出版社，2011.5

案例 2

中小型股份制商业银行信用风险管理研究
——基于 BS 银行破产事件的案例分析

贺 刚 黄雨晗 王芷如[*]

信用风险已经成为商业银行面临的最为突出的金融风险,商业银行的信用风险管理能力与我国整个金融体系的稳定密切相关。本案例以 BS 银行破产事件为例,深入分析了中小型股份制商业银行经营过程中信用风险的成因和经济后果。研究发现,中小型股份制商业银行信用风险管理需要理论与实际相结合,应用先进的信用风险管理模型量化、监测信用风险,进一步优化现有信用风险管理策略,将信用风险控制在最低水平。最后,总结 BS 银行破产事件的经验教训,本案例提出中小型股份制商业银行信用风险管理过程中应完善并加强信用风险评级和预警体系、信用风险内部控制制度及外部监管制度,构建和谐健康的金融环境。

---

[*] 贺刚,通讯作者,上海立信会计金融学院,金融学院副教授,研究方向:资本市场、行为金融。黄雨晗,通讯作者,女,上海立信会计金融学院,金融学院本科生。王芷如,女,上海立信会计金融学院,金融学院本科生。

一、引言

自市场经济实行以来，我国金融市场获得了迅速而稳定的发展，然而随着经济全球化和金融创新工具的不断衍生，金融市场交易过程中存在的多变的交易行为却容易引发信用风险，进而影响整个金融市场的稳定性。作为经营风险的特殊企业，商业银行的风险管理能力是其综合竞争力的重要组成部分（潘建国和冯立国，2020）。虽然商业银行的经营业务不断创新、扩张，存贷款等信用业务仍是商业银行最主要的业务，信用风险往往是给商业银行造成巨大损失的一类风险，同时是我国商业银行最主要的风险管理对象（秦峰，2006）。作为经济活动的中枢，商业银行一旦出现信用风险，不仅会影响银行的正常业务经营与发展（李鹏菲，2015；谢太峰和孙璐，2019），甚至会通过"多米诺骨牌效应"，传染给其他金融市场参与者，引发系统性风险，进而影响整个金融体系的稳定，阻碍经济增长和金融发展（陈庭强等，2020）。

目前，我国有 12 家中小型股份制商业银行，相比于国有制银行，我国中小型股份制商业银行成立时间短、组织机构较为简单（秦峰，2006）、资产规模小（陈黎，2020）、风险抵抗能力较弱。中小型股份制商业银行大多依赖于传统的信贷业务作为主要盈利收入，通过"被动型"负债业务的利息支出来作为经营支付款项（陈黎，2020）。显然，信贷业务中不良贷款、损失贷款规模的扩大，"被动型"负债业务中存款利息支付的逾期拖欠等都将大大损害中小型股份制商业银行的信用声誉，降低核心竞争力，成为制约其生存发展的最大障碍。2019 年出现的 BS 银行、恒丰银行等事件，证明了我国中小型股份制商业银行信用风险管理方面存在较多问题。信用风险内部控制制度不健全，外部信用评级体系不完善、内外部监管制度欠缺、不良资产规模扩大等问题都是信用风险的爆发点。2020 年 9 月 10 日，"金融支持保市场主体"系列新闻发布会上，毛红军针对不良贷款率高的问题提出实现差异化风险管理，以促进银行形成长效机制。由此可见，我国商业银行信用风险管理问题亟待解决。本案例通过分析 BS 银行破产事件来研究我国中小型股份制商业银行的信用风险管理策略，提高我国中小型股份制商业银行的信用风险管理水平和质量。

二、案例介绍

BS 银行股份有限公司成立于 1998 年，并于 2007 年经批准改名为 BS 银行，成为区域性股份制商业银行。根据银保监会的数据显示，明天集团持有 BS 银行 89% 的股权，BS 银行的股权集中度过高。BS 银行大量资金被明天集团关联公司违规占用并形成逾期，资产质量隐性不良占比高，资不抵债缺口过大。据 2013～2016 年 BS 银行年报披露，BS 银行的超过 70% 的贷款分布在内蒙古地区，外省市地区对 BS 银行的了解度较低（汪晖，2020），BS 银行资金使用区域集中度、行业集中度较高，即呈现出贷款集中率较高的特点，风险无法有效分散，存在严重的信用风险。2016 年 BS 银行信贷业务的行业分布情况如图 2-1 所示。

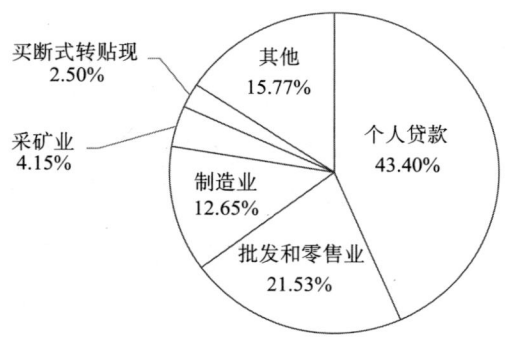

图 2-1　2016 年 BS 银行信贷业务的行业分布

《中国金融》披露明天控股有限公司私下注册了 209 家空壳公司，以 347 笔贷款方式违法占用 BS 银行 1560 亿元，将 BS 银行作为自身"提款机"，形成了 BS 银行巨额的不良资产，并且高额年贷款利息无法收回，形成了巨大的资金成本。2012 年以来，BS 银行的不良贷款率呈现不断上升的趋势，BS 银行的债务危机带来的信用风险极易引发银行挤兑、金融市场波动等连锁反应。由于 BS 银行并未公布 2017 年及以后的年报，本案例选用 BS 银行 2012～2016 年不良贷款率、拨备覆盖率、资本充足率详细数据进行分析，详细情况如表 2-1、图 2-2、图 2-3 所示。

表 2-1　　　　　　　　BS 银行 2012～2016 年各项信用风险指标

年份	不良贷款率	拨备覆盖率	资本充足率	核心一级资本充足率
2012	0.87%	232.27%	16.84%	15.51%
2013	1.00%	224.63%	12.05%	11.42%
2014	1.37%	192.89%	11.19%	10.58%
2015	1.41%	194.61%	12.22%	9.33%
2016	1.68%	176.77%	11.69%	9.07%

资料来源：BS 银行 2012～2016 年报。

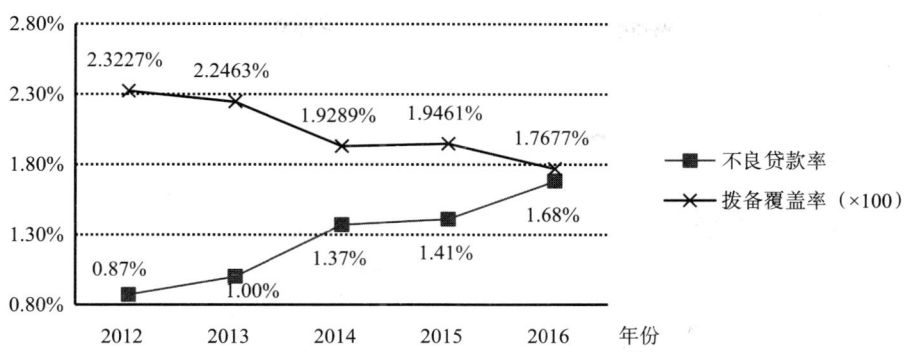

图 2-2　BS 银行 2012~2016 年不良贷款率和拨备覆盖率变化

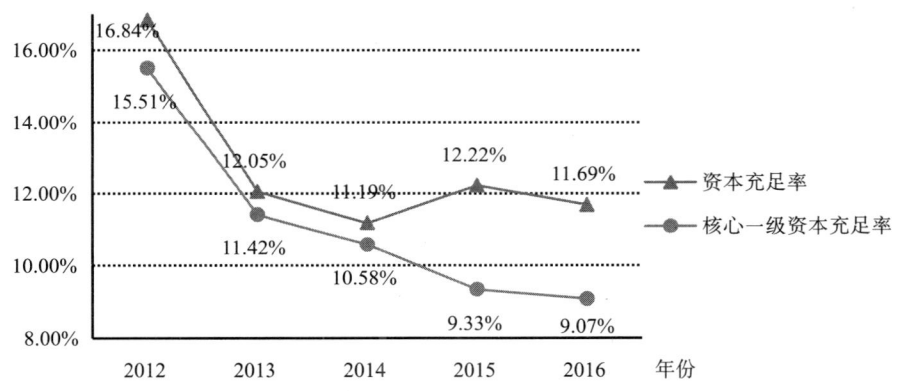

图 2-3　BS 银行 2012~2016 年资本充足率和核心一级资本充足率变化

如上述图表所示，纵向角度分析可知 BS 银行核心一级资本充足率逐年下降、拨备覆盖率逐年下降、不良贷款率逐年上升，这说明拨备覆盖率无法及时覆盖贷款损失准备金（刘静，2017），BS 银行信用贷款质量不断恶化，信用风险逐年增加。2017年，BS 银行的不良贷款率达到 1.72%，说明 BS 银行的风险抵御能力严重降低。BS 银行内部人控制、股权结构单一不合理、明天集团操纵的弊端导致 BS 银行风险管理过程失灵，BS 银行对明天集团关联公司的肆意放贷，使得不良贷款率持续上升，资产质量显著恶化。BS 银行出现严重的资不抵债缺口，风险抵御能力严重下降。另外，自2017 年起，BS 银行资本充足率突破监管红线，信用风险持续增加和资产质量降低首先侵蚀 BS 银行的利润，BS 银行难以进行内源性资本补充；股权的过度集中同时加大外源性资本补充难度。2019 年 5 月 24 日，BS 银行被中国人民银行、中国银监会依法接管，依法依规打破了刚性兑付。2020 年 4 月 30 日，蒙商银行正式依法设立。

三、案例分析与讨论

（一）信用风险

1997年9月，巴塞尔银行监管委员会公布的《有效银行监管的核心原则》中将信用风险定义为履约过程中的交易对象无力履约的风险。根据2004年6月颁布的《巴塞尔新资本协议》相关表述，信用风险是债务人或交易对手无法履约或者无法全部履约而发生损失的可能性（秦峰，2006）。现有研究表明，信用风险具有风险敞口大（潘建国和冯立国，2020）、巨量性、传染性（汪晖，2020）、风险与预期收益的非均衡性、滞后性（秦峰，2006）等特点。中小型股份制商业银行信用风险主要来源于自身违约、借款人违约、交易对手违约，即信用风险可分为传统信贷业务风险和交易对手风险。2006年6月，"巴塞尔Ⅱ"（BCBS）将交易对手风险（CCR）定义为签订金融合约的交易对手无法按合约要求履行支付责任的风险。CCR主要由违约风险、信用估值调整风险和交割风险（HKMA，2018）组成，涉及场外衍生品交易和证券融资交易等方面。

BS银行作为"明星"银行，截至2017年第一季度末，其不良贷款率持续攀升至1.7%，不良贷款偏离度达到192.21%。这主要是因为明天集团关联公司违规占用BS银行大量资金，但是大量逾期贷款没有被确认为不良贷款，BS银行资产质量认定标准不严格，隐藏着较大的信用风险。

据披露，BS银行的盈利能力从2014年起开始不断恶化，根据表2-2中的数据可以看出，从2014年起营业收入同比增长率、利息净收入同比增长率持续下降，净利润同比增长率整体上也呈现出下降趋势。2017年第三季度末BS银行的营业收入、利息净收入、净利润分别为0.5%、-6.3%、-13.9%，利息净收入和净利润出现负增长，这说明BS银行盈利能力在持续恶化，资产质量压力急剧增加，债务利息支付难度加大，潜在的违约风险敞口加大。违约风险是信用风险中的主要构成，违约风险敞口加大导致信用风险进一步恶化，银行间市场的高度关联性加剧了信用风险的传染性和冲击性（Ladley，2013），从而引起金融市场的波动（李珊珊，2020）。

表 2-2　　　　　　　　　　　　BS 银行盈利能力指标

盈利能力指标	营业收入同比增长率	利息净收入同比增长率	净利润同比增长率
2014 年年底	25.5%	25.3%	22.1%
2015 年年底	18.0%	11.2%	18.4%
2016 年年底	11.2%	8.3%	23.2%
2017 年 Q3	0.5%	-6.3%	-13.9%

资料来源：BS 银行年报。

(二) 信息不对称理论

不完全信息市场信贷配给模型论证了信息不对称会引发银行的信用风险（Stiglitz 和 Weiss，1981）。信息不对称是指交易双方对相关信息的了解程度不一致，信息不对称容易引发交易过程中的信贷风险，阻碍资源的有效配置，降低交易效率，甚至引起交易终止（余泳泽等，2019）。信息不对称理论在股份制商业银行股权结构、信贷业务、存款业务中解释了信用风险的成因，银行信贷业务、存款业务管理过程中的信息不对称极大地考验着银行、存款人及借款人的信用水平。BS 银行被接管前已经出现股权结构不合理、存款负债率持续下降、同业负债率过高、不良资产规模扩大、贷款集中度高等问题，已然出现严重的信用危机。本案例基于信息不对称理论对 BS 银行接管前的困境进行如下分析。

BS 银行股权结构中"一股独大"。如表 2-3 和表 2-4 所示，BS 银行 96.66% 的股份属于法人股，虽然年报中披露出 BS 银行股权结构分散合理，最大十名股东之间并无关联交易行为。但 BS 银行 79 户机构股东中明确归属明天集团的机构股东有 35 户，"明天系"集团实际持有 89.27% 的股权，违反了 2014 年银监会发布的中小银行包括战略投资者在内的主要股东的持股比例一般不超过 20% 的监管要求（马颖，2020），出现了股权结构中"一股独大"的不合理现象。"明天系"集团违法违规占用 BS 银行大量资金，贷款逾期拖欠不还行为扩大了 BS 银行的不良资产规模，"形式化"的股东大会成为"明天系"集团"掏空"BS 银行的合法外衣。这表现出大股东侵占储蓄者利益的委托—代理关系。储蓄者无力监管 BS 银行的资金运用情况，BS 银行与储蓄者之间信息不对等，使得"明天系"集团通过资金占用、不正当关联交易等方式肆意占用大额资金，直接侵害其他股东和储蓄者的利益，造成 BS 银行资产质量下降，不良贷款率逐年增加，出现财务风险和经营风险，最终出现严重的信用风险，触发监管"红线"。

表 2-3　　　　　　　　　　2016 年 BS 银行股东结构情况

股东类型	持股数量（万股）	总持股比例
国有股	2008.35	0.42%
法人股	457221.52	96.66%
集体股	1106.67	0.23%
个人股	12748.37	2.69%
股份总数	473084.91	100%

资料来源：BS 银行 2016 年年报。

表 2-4　　　　　　　　　2016 年 BS 银行最大十名股东持股情况

股东名称	持股数量（万股）	持股比例
包头市太平商贸集团有限公司	42894.50	9.07%
包头市大安投资有限责任公司	26090.63	5.51%
包头市精工科技有限责任公司	25150.46	5.32%
包头市百川投资有限责任公司	23601.05	4.99%
包头浩瀚科技实业有限公司	23506.81	4.97%
内蒙古网通计算机有限责任公司	22956.73	4.85%
内蒙古森海旭腾商贸有限责任公司	19904.50	4.21%
包头市精翔印刷有限责任公司	18340.58	3.88%
鄂尔多斯市天泓威科商贸有限责任公司	15730.00	3.32%
包头市康安机电有限责任公司	13310.00	2.81%

资料来源：BS 银行 2016 年年报。

BS 银行同业负债率过高。如图 2-4 所示，BS 银行存款负债比逐年下降，说明 BS 银行偿还债务本金和利息的能力逐年降低。根据逆向选择理论，在存款业务中，存款人关于 BS 银行的经营状况、盈利状况的信息相对缺乏，极大地削弱了存款人对银行资产状况、财务状况的监督跟进。储蓄者和 BS 银行之间存在相关信息差异，储蓄者无法真实准确地了解存款的运用情况，BS 银行使用存款资金时存在资金池无法回收的风险，这种资金回收的不稳定性使信用风险发生的可能性大大提升。进一步地，同业负债率逐年上升说明 BS 银行的金融杠杆率逐年增加。据了解，2014 年来 BS 银行经营能力的欠佳使其负债端流动性对同业负债的依赖程度大大提高，BS 银行同业负债比率超过了上市银行 23.44% 的平均水平。尤其是 2016 年起，BS 银行 50% 的负债端流动性依靠与银行同业之间的借贷关系。BS 银行存款负债比和同业负债比变化如图 2-4 所示。

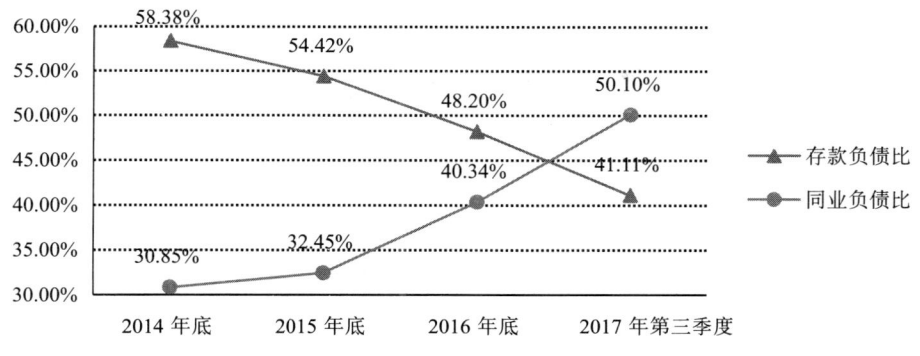

图 2-4　BS 银行存款负债比和同业负债比变化图

BS 银行不良资产规模扩大。根据逆向选择，在信贷业务中，借款人无法完全了解商业银行的放贷意图、资产状况、经营状况，商业银行也缺少对借款人真实财务状况、贷款用途、担保水平、还款能力的了解。商业银行和借款人之间存在信息差异，信贷信息的不匹配容易引起借贷双方的犹豫纠结，降低信贷交易效率，增大信贷交易成本。同时，根据道德风险理论，信贷业务发生后，一旦借款人到期无法偿还贷款本金和利息或债权人要求银行提前偿还借款，就会增加 BS 银行的违约风险敞口。一般来说，商业银行的大型集团客户经营状况稳定、业务经营规模大，其违约风险相对较低（董申等，2019）。但是"明天系"集团关联公司在 BS 银行的信贷规模不断扩张，还款能力却逐年降低，严重影响了 BS 银行信用风险的管理（霍源源、李江、冯宗宪，2016）。BS 银行的风险预警信号简单，贷后监测工作不到位。据 2016 年年报披露，前十大贷款人中已有 6 户被列入失信人名单。最初，"明天系"集团违规占用的逾期贷款并未及时被列为不良贷款，其大量的不正当关联交易持续消耗 BS 银行的资金池。2017 年年末 BS 银行逾期贷款总额高达 113.63 亿元，2017 年第三季度末应收账款类投资占比 26.60%、资本充足率为 9.52%。2019 年 5 月，BS 银行被接管时的不良贷款规模持续扩大，资产质量下行，已经出现严重信用风险，成为高危机构。

（三）信用风险管理模型

目前，国际上流行的现代信用风险模型主要有 KMV 模型、Credit Risk + 模型、SVM 模型、KNN 模型、Credit Metrics 模型、CPV 模型等。其中，1993 年 KMV 公司推出的 KMV 模型应用广泛（周桦和赵婉竹，2016），国内学者也多采用 KMV 模型计量信贷业务的信用风险（王星予、余丽霞、阳晓明，2019）。KMV 模型以 Black Scholes 的期权定价理论为基础，历年来不少学者对 KMV 模型有效性的验证及修正，认为

KMV 模型可以准确有效地度量信用风险（Kealhofer 和 Kurbat，2001）。

根据《股份制商业银行风险评级体系》中的介绍，资本充足状况权重为 20%，资产安全状况权重为 20%，管理状况权重为 25%，盈利状况权重为 20%，流动性状况权重为 15%。基于此定义，有学者根据资产质量、盈利水平、资产流动性、资本充足率 4 个指标量化评价信用风险（周桦和赵婉竹，2016）。还有学者通过与 CEM 法、SM 法、IMM 法的比较，肯定了 SA – CRR 违约风险计量法的优点和先进性（潘建国和冯立国，2020）。通过上述计量模型和方法，我们可以采用适用有效的股份制商业银行信用风险量化指标应用于信用风险管理优化方案中。

如图 2 – 5 所示，事业部制下的 BS 银行的风险管理部门承担着信用风险管理体系搭建的职责。据了解，BS 银行采用的是垂直式风险管理模式，BS 银行在信用风险识别、评级、监测和管理等过程控制中，在风险计量技术和信用风险管理模型方面与国际先进银行存在一定差距。BS 银行在事业部制下独立的风险管理架构下，定性度量风险，在信用风险管理方面仍存在着"总分行制"直线型职能模式的限制作用，而且出

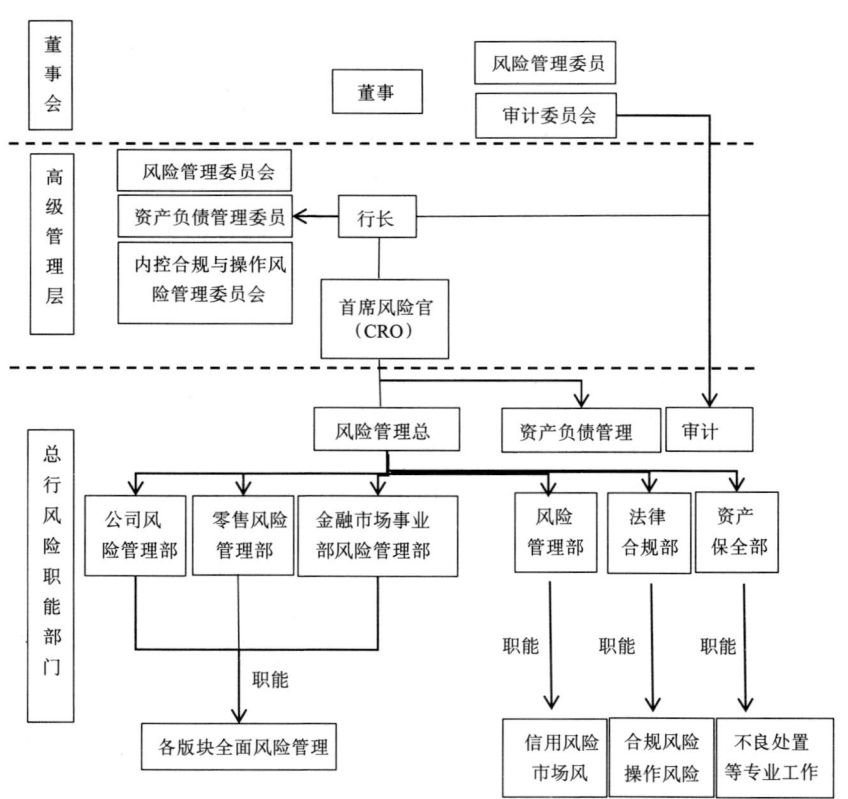

图 2 – 5 BS 银行风险管理架构

现了传统的客户信用评级方法存在较大主观性、信用风险评价体系不完善、信用风险管理难以科学系统性的量化等问题。与发达国家的先进银行相比，BS 银行信用风险管理的信息系统建设力度明显不足。传统的五级分类法和定性分析法已经不适用于当前的经济形势，外部经济环境复杂多变的情况下，BS 银行应积极借鉴国际银行先进经验建立动态信用风险量化模型，及时对模型进行更新和调整，以此提高风险度量的精准性。

四、结　论

信用风险管理一直是金融界关注的热点问题，信用风险的治理对银行业发展具有重要意义。本案例基于信息不对称理论视角分析了 BS 银行破产事件，并进一步探讨我国中小型股份制商业银行应对信用风险的策略。从 BS 银行破产事件中可以看出，BS 银行公司治理失灵和股权结构失衡使得大股东侵占储蓄者的利益，造成 BS 银行巨额的资金亏损，最终引发严重的信用风险。

因此，监管方应该严格要求商业银行披露相关信息，使储户和中小投资者对银行资金的使用、财务状况等有充分的了解。同时，在互联网金融推动金融机构市场化转型的背景下，股份制商业银行作为关联性极强的经济活动中枢，应大大加强信用风险管理力度，加快信用风险管理进程，统筹内外部双维度监管，提高社会信用程度，构建和谐健康的金融环境，维护金融和社会稳定，促进我国经济的持续健康发展。

参考文献

[1] 陈黎. 利率市场化对股份制银行信用风险影响实证研究——基于六家股份制银行面板数据 [J]. 中国商论，2020（04）：70-72.

[2] 陈庭强，周文静，童毛弟，刘海飞. 融合 CDS 网络的银行间信用风险传染模型研究 [J]. 中国管理科学，2020，28（06）：24-37.

[3] 董申，王金玲，陶然，孙硕，谭士杰. 商业银行大型集团客户信用风险压力测试——基于蒙特卡洛模拟方法 [J]. 金融监管研究，2019（05）：18-29.

[4] 霍源源，李江，冯宗宪. 不同股权结构商业银行信用风险分析——基于宏观经济因素视角 [J]. 财贸研究，2016，27（04）：85-94.

[5] 李珊珊. 我国银行信用风险顺周期性的非对称性及变迁——基于面板门槛模型的实证检验 [J]. 金融监管研究，2020（08）：16-32.

[6] 刘静. 网络金融背景下商业银行风险管理研究 [D]. 对外经济贸易大学, 2017.

[7] 李鹏菲. 我国商业银行信用风险管理研究 [D]. 东北农业大学, 2015.

[8] 马颖. BS 银行托管给中小银行监管带来的启示 [D]. 河北师范大学, 2020.

[9] 潘建国, 冯立国. 商业银行交易对手信用风险管理: 监管、计量与挑战——以香港为例 [J]. 投资研究, 2020, 39 (10): 152 – 160.

[10] 秦峰. 我国股份制商业银行信用风险管理研究 [D]. 山东大学, 2006.

[11] 申晴, 张连增. 一种新的银行信用风险识别方法: SVM – KNN 组合模型 [J]. 金融监管研究, 2020 (07): 23 – 37.

[12] 王星予, 余丽霞, 阳晓明. 商业银行信贷资产证券化信用风险研究——基于修正的 KMV 模型 [J]. 金融监管研究, 2019 (03): 54 – 66.

[13] 汪晖. BS 银行信用风险管理策略研究 [D]. 江西师范大学, 2020.

[14] 谢太峰, 孙璐. 我国上市商业银行盈利能力影响因素的实证研究 [J]. 征信, 2019, 37 (01): 62 – 67.

[15] 于博, 吴菡虹. 银行业竞争、同业杠杆率攀升与商业银行信用风险 [J]. 财经研究, 2020, 46 (02): 36 – 51.

[16] 余泳泽, 郭梦华, 郭欣. 社会信用的经济效应研究回顾与展望 [J]. 宏观质量研究, 2019, 7 (04): 80 – 95.

[17] 周桦, 赵婉竹. 偿二代下保险公司银行交易对手信用风险研究 [J]. 保险研究, 2016 (08): 16 – 29.

[18] 周学东. 中小银行金融风险主要源于公司治理失灵——从接管 BS 银行看中小银行公司治理的关键 [J]. 中国金融, 2020 (15): 19 – 21.

[19] 赵喆. 我国商业银行信用风险管理与控制研究 [J]. 财经界, 2020 (13): 88 – 89.

[20] Daniel Ladley. Contagion and risk – sharing on the inter – bank market [J]. Journal of Economic Dynamics and Control, 2013, 37 (7): 1384 – 1400.

[21] Kealhofer, Stephen, Matthew Kurbat. The Default Prediction Power of the Merton Approach [J]. KMV Corporation, 2001.

[22] Joseph E. Stiglitz, Andrew Weiss. Credit Rationing in Markets with Imperfect Information [J]. The American Economic Review, 1981, 71 (3): 393 – 410.

案例 3

管理者过度自信对企业并购行为的影响
——以 LS 公司退市为例

贺　刚　温汝莎　王芷如[*]

过度自信的管理者在企业并购时容易低估决策风险，表现出激进性与乐观态度而做出非理性并购行为。本案例以 LS 公司 2020 年 7 月退市为例，基于过度自信理论，采用高管持股比例、年度盈余偏差以及企业历史业绩三种管理者过度自信的表现方式，探究管理者过度自信对 LS 公司并购行为的影响，结果发现：管理者的过度自信会低估风险，从而更容易发生并购行为，企业内部管控的失效是管理者过度自信产生的重要原因。相关结论能警示管理者要加强公司治理，减少过度自信而导致的非理性并购行为。

---

[*] 贺刚，第一作者，上海立信会计金融学院，金融学院副教授，研究方向：资本市场、行为金融。温汝莎，女，上海立信会计金融学院，金融学院本科生。王芷如，女，上海立信会计金融学院，金融学院本科生。

一、引　言

企业行为的发生通常由管理者的决策决定，因此企业未来走势与管理者决策行为息息相关。而管理者做出的决策容易受非理性因素如自身性格的影响，过度自信是对企业行为的发生影响较为显著的因素之一。

过度自信理论源自于社会心理学文献，其含义是在各种主观因素比如个性、情绪等的影响下，对个人能力高度自信从而过分高估自身行为带来成功的概率。Roll（1986）首次提出了Hubris假说即自大假说：管理者因自大从而高估并购交易的价值，最终造成企业资本支出变多。Gervaris、Heaton和Odean（2003）用乐观描述过度自信，并认为管理者会在过度乐观的前提下对公司价值进行高估从而错失一些投资项目机会。过度自信这一概念是由Malmendier和Tate（2005）正式提出的，其在提出与Roll相似的过度自信管理者会高估自身能力观点的前提下，提出管理者会因此会在资金充足时偏向加强并购。Ben–David、Graham和Harvey（2006）也通过研究得出，过度自信的管理者会对企业未来的投资收益进行高估。对于管理者过度自信产生的原因以及在企业并购中的影响，周海力和杨秀刚（2020）通过汇总以往众多研究，得出如表3–1所示四点原因及并购表现。

表3–1　　　　　　　管理者过度自信原因及对企业并购的影响

原因	含义	并购表现
自利归因偏差	个人成功归因于自身能力	高管高估并购成功概率
控制幻觉偏差	对不确定事情具有把握	并购市场机会多且风险小
知识幻觉	信息增多会使人认为自身预测更准确	高估自己对知识掌握的精确性
过度乐观	高估并相信有利事件的可能性	高估企业生存机率

过度自信的高管在进行企业市场扩张或者企业并购时更容易表现出激进性与乐观态度而低估决策风险。自Roll提出其假说后，不少学者就由过度自信引发的企业扩张或并购行为进行了研究分析并取得成果，傅强等（2008）认为公司并购受管理者过度自信程度影响且二者之间存在正相关关系；肖峰雷等（2011）得出董事长会在过度自信的诱导下做出非理性财务决策从而造成损失的结论；李佩锱和马腾（2012）基于30家上市公司10年的数据分析得出我国贸易类上市公司管理者过度自信与公司业绩成负相关关系；章细贞和张琳（2014）基于回归模型在提出过度自信会促成并购及加大企

业财务风险的观点的同时，也增加了企业自由现金流量充裕的条件；郭芳兵（2020）提出假设并验证了高管过度自信会降低并购绩效的观点；曹崇延和翟青梅（2020）也利用多元回归分析方法，证实了管理者过度自信与企业扩张之间的正相关关系。

对于管理者过度自信的方式的测度，陆阳俊（2018）、黄欣欣（2019）汇总以往资料共提出以下八点：持股状况法、消费者情绪指数、企业历史业绩、企业景气指数、盈余预测偏差法、媒体评价法、相对薪酬法和并购次数。其中，Jennifer Carpenter（1998）首先提出高管持股变动法，Malmentdier 和 Tate 等（2005）进行改进后提出高管过度自信与企业并购行为呈显著正相关的观点；Doukas 和 Petmezas（2007）用发生并购的频率来衡量管理层的自信程度，并得出过度自信的管理者的并购活动回报较低；DoukasJA 和 PetmezasD（2010）通过检验过度自信管理者的收购是否产生良好收益得出自我归因偏差的存在会导致管理者进行更多并购导致并购绩效低下；黄欣欣（2019）也通过以上测度方式研究千山药机连续并购案例，发现过度自信心理会使其在现金流不足时进行高溢价并购交易。

基于以上理论分析，可以得知高管持股比例越高、企业历史经营业绩越好，管理者过度自信程度就越高，其并购行为就越容易发生，而盈余预测偏差的存在也一定程度表明过度自信心理的存在。此外，企业历史经营业绩可以从企业的财务状况中体现。因此，本案例选用 2020 年 7 月 LS 公司退市案例，回溯其并购历程，从高管持股比例、年度盈余偏差以及 LS 公司财务状况三个维度对 LS 公司管理者过度自信程度和对 LS 公司带来的影响进行分析，探究管理者过度自信对 LS 公司过度扩张最终退市的影响。

二、案例介绍

（一）公司发展历程简介

LS 公司（Letv），全称 LS 公司信息技术有限公司，于 2004 年 11 月 10 日成立，其从一个视频网站开始，逐步扩展业务，通过构建垂直产业链的形式，形成了垂直生态系统并开展其主营业务和战略布局。LS 公司的业务从视频网站不断扩展到智能汽车、电视制造、体育、金融、盒子、生活服务等各个领域，并建立了众多品牌如：LS 影业、LS 超级电视、LS 体育等。虽然 LS 扩张迅速，业务广泛，但从 2004 年 LS 公司上线以来，到 2010 年获得 IPO 资格，爆出亏损 16 亿元，伴随着易到事件、高管调整和

LS 易主等事件,再到 2020 年 7 月 LS 退市,LS 的发展和跌落显得十分迅疾。如图 3-1 为 LS 公司发展主要历程。

- **2004 年**:LS 网信息技术有限公司成立。
- **2009 年**:成立 LSTV 事业部。随着政府加大互联网版权保护力度开始,贾跃亭凭借版权分销的手段,积攒了数量可观的资产。
- **2010 年**:IPO,成为"A 股网络视频第一股"。
- **2014 年**:成立了 LS 体育文化产业发展(北京)有限公司。宣布"SEE 计划",全面实施"硬件+内容+平台+应用一体化"的生态战略。
- **2015 年**:报告期实现营业收入 130.17 亿元,较 2014 年同期增长 90.89%。2015 年 5 月 12 日股价达到历史最高点 179.03 元。
- **2016 年**:2016 年 8 月起,LS 就不断被传出资金链断裂、供应商断供等消息。
- **2018 年**:2018 年 9 月 22 日,融创中国以 7.73 亿元的起拍价获得 LS 控股持有的乐融致新 18.38%及 LS 影业 21.8%的股权。
- **2020 年**:7 月 20 日成 LS 公司最后一个交易日,最终股价收报 0.18 元,成交额 2155.96 万元,总市值 7.18 亿元较高峰时的 1700 亿元市值蒸发 99%以上。

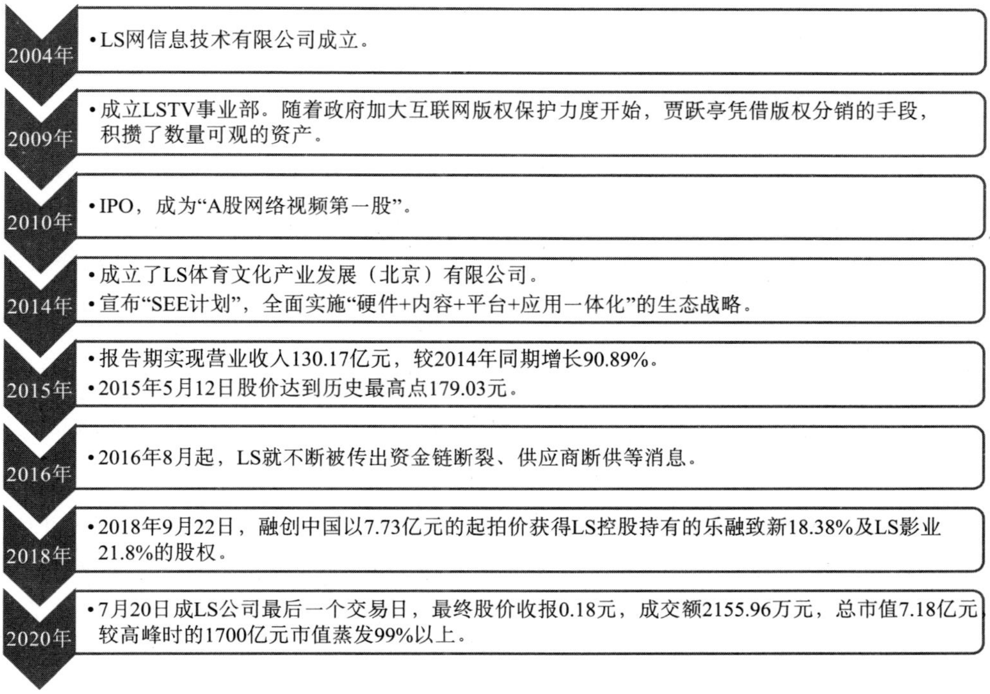

图 3-1 LS 公司发展主要历程概述图

(二)并购历程

2013~2016 年间 LS 公司为进行市场扩张主要进行了 5 次并购,在 2017 年被融创中国并购部分股权,如表 3-2 为 LS 公司 2013~2017 年的并购与被并购历程。

表 3-2　　　　　　　　2013~2017 年 LS 公司并购与被并购历程

公司名称	领域	时间	并购占比	金额	注
花儿影视	文娱	2013/9/1	100%	9 亿元人民币	LS 控股
易到用车	汽车	2015/10/19	70%	7 亿美元	后卖身韬蕴资本
搜达足球	体育	2016/1/25	56%	3920 万元人民币	LS 控股
章鱼 TV	体育	2016/1/28	100%	3 亿元人民币	LS 控股
Vizio	智能硬件	2016/7/27	100%	20 亿美元	交易终止

续表

公司名称	领域	时间	并购占比	金额	注
融创中国	LS 公司	2017/1/15	8.61%	150 亿元人民币	LS 被并购
	LS 致新		33.5%		
	LS 影业		15%		

资料来源：IT 桔子、融创中国。

在 2013 年 9 月，为巩固自身在影视领域的地位，维持 LS 不断发展壮大的态势，LS 以 9 亿元人民币并购花儿影视，这对于双方来说，在品牌效应上是互利共赢，在增强 LS 优质自制方面的竞争力方面也为 LS 提供了优势。在 2015 年 10 月，为完善 LS 汽车发展的生态布局，建立"互联网+出行"市场，LS 以 7 亿美元接管了易到 70% 股份，拓宽了 LS 主营业务渠道，弥补了 LS 汽车领域的空白。在 2016 年，LS 分别以 3920 万元人民币和 3 亿元人民币收购了搜达足球 56% 股份和章鱼 TV100% 股份，LS 体育在布局完整的互联网体育生态系统道路上更进一步。在 2016 年 7 月，LS 与 Vizio 签署并购协议，以 20 亿美元并购 Vizio，然而 LS 在监管因素、资金链断裂、LS 北美市场裁员等因素影响下，交易终止。在 2017 年 1 月融创中国公告以 150 亿元入股 LS，然而其入股并未给 LS 带来较大的转机，根据融创中国 2017 年半年报数据显示，其投资 LS 亏损利润约 15 亿元。LS 公司在 2017 年开始就再无其他并购活动，根据 LS 公司历年业绩预告，其 2017 年实际业绩亏损约 138 亿元，2018 年亏损约 40 亿元。在 2020 年 LS 公司以最终股价 0.18 元退市。

（三）并购结果

通过以上 5 次并购可以看出，LS 管理者并购频率较高，尤其在 2016 年试图完成 3 次并购，可以说明管理者的过度自信和在资金链问题基础上的对公司前景的高度乐观。同时从 LS 股价变动来看，如图 3-2 所示，前两次并购后 LS 股价在一定期间内呈现上升趋势，而过快的并购扩张对 LS 的资金链来说是难以承受的，其 2016 年 1 月的两次并购并未给 LS 股价带来明显的上升，且从 2016 年 6 月开始 LS 股价呈持续下跌趋势直至 2020 年退市。可以看出管理者对公司发展经营情况过度自信从而忽视了资金链供应不足可能导致的危害。此外图中也可看出 2017 年 1 月融创中国并购部分 LS 公司的行为也并未大幅度改变 LS 公司股价下降的趋势。

那么在 LS 并购过程中管理者过度自信到底对 LS 的并购绩效造成了怎样的影响呢？本案例将从过度自信的表现形式中选取三个维度进行分析。

图 3-2　2013~2020 年 LS 公司股价波动图

资料来源：新浪财经。

三、管理者过度自信特征表现及其对并购行为的影响

（一）集中式股权结构

基于管理者过度自信的表现形式之一——高管持股，前文已表明，高管持股比例越高，其过度自信心理越容易产生，也就越容易发生并购。转换成乐观态度角度，即对公司运营状况"过度乐观"易做出非理性决策，从而发生并购或扩张行为。

本案例基于如图 3-3 所示的 2013~2019 年 LS 持股 5% 以上的股东持股情况，从集中式股权结构角度分析 LS 管理者贾跃亭进行多次并购行为最终给 LS 公司带来巨大损失这一结果与管理者的过度自信心理的相关性。

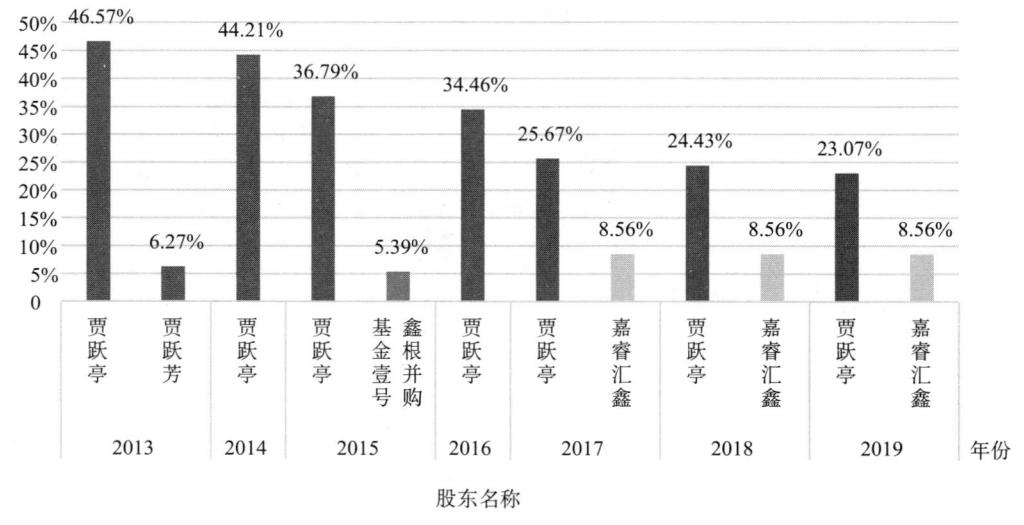

图 3-3 2013~2019 年 LS 公司持股 5% 以上的股东持股情况

注：鑫根并购基金壹号：深圳市鑫根下一代颠覆性技术并购基金壹号投资合伙企业；嘉睿汇鑫：天津嘉睿汇鑫企业管理有限公司。

在 7 年的股权结构中，贾跃亭持股比例一直占比较大，2013~2016 年间，其持股比例不低于 30%，2017~2019 年间也不低于 20%，在这 7 年间，尽管曾有三方管理者持股比例超过 5%，但与贾跃亭持股比例同年相比，贾跃亭持股比例最高为贾跃芳的 7.42 倍，最低为天津嘉睿汇鑫企业管理有限公司的 2.7 倍。以 2015 年为例，除贾跃亭外，其余九大股东持股比例总和为 17.38%，与贾跃亭的 36.79% 股份相比，可见难以对贾跃亭构成限制。这种集中式股权结构也就助长了贾跃亭过度自信的膨胀心理，在听取谏言方面形成忽视现象，最后导致过度乐观的并购从而造成难以挽回的后果。而从其 2017~2019 年持股比例跌破 30% 且逐年下降的趋势也可以看出其决策行为已经明显影响到公司经营状况，需要贾跃亭减少持股和并购行为。

（二）年度盈余预测偏差

Lin 等（2005）提出了盈余预测法，将企业盈利预测偏差定义为管理者对企业某一时段的盈利预测与实际利润的差额。其从企业角度认为年度盈余预测值高于实际盈余时，可以判定企业中有高管过度自信，偏差越大，过度自信心理越强。陆阳俊（2018）运用此方法对 2013~2017 年 LS 公司财务状况进行了分析，本案例基于其研究，运用此方法对 LS 公司高管的过度自信心理和并购行为之间的联系进行分析。

表 3-3　　　　　　　　　　2013~2018 年 LS 公司盈余预测表　　　　　　　单位：万元

年份	2013	2014	2015	2016	2017	2018
盈余预测上限	27187.17	33151.26	63705.16	77358.67	-1160495	-61314.6
盈余预测下限	25245.23	30601.16	57424.57	63032.99	-1160995	-60814.6
实际盈余	25500.97	36402.95	57302.72	55475.92	-1387804	-409562
实际盈余是否超过盈余预测	否	是	否	否	否	否

根据 LS 公司 2020 年的业绩预告，2020 年仅有 1 月 1 日~3 月 31 日此 3 个月的预告期间，且尽管可以得出 2019 年的亏损预测在 1128611~1128111 万元之间，但无法得出 2019 年实际盈余，因此只以 2013~2018 年盈余预测表进行分析。如表 3-3，先以 2015 年数据为例，2016 年管理者披露的盈余预测在 57424.57~63705.16 万元之间，而 2015 年实际盈余为 57302.72 万元，可见 LS 公司实际盈余未超过盈余预测，同理可得其他年份情况。由于 2019 年实际盈余未能在 2020 年业绩预告中披露，因此也无法得知 2019 年实际盈余与预测的比较。2013~2018 年 LS 公司业绩预测如图 3-4、图 3-5 所示。

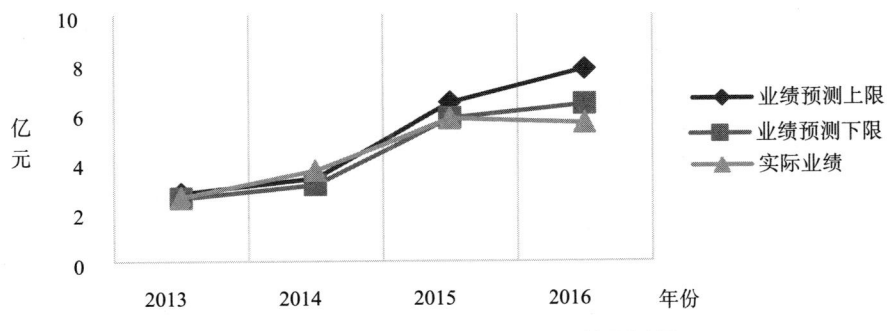

图 3-4　2013~2016 年 LS 公司业绩预测图

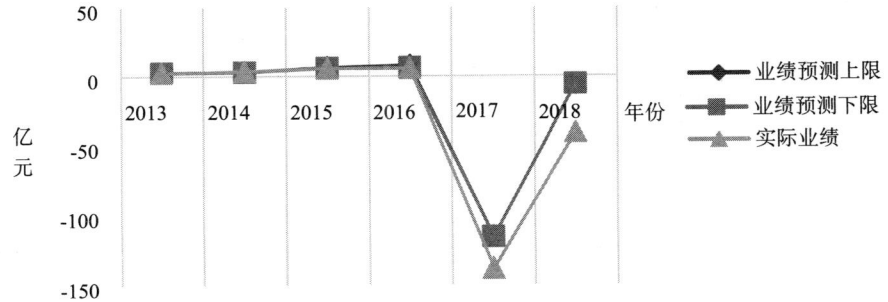

图 3-5　2013~2018 年 LS 公司业绩预测图

2013～2016年,管理者预测其盈利呈增长趋势,如图3-4所示,而实际上2016年实际业绩比2015年稍低,这可能受其2016年3次并购的影响。随后如图3-5所示,在2017年管理者虽然已经预计会出现巨大亏损,但管理者预测亏损仍比实际亏损少,其实际巨额亏损证实LS公司并未改善其惨淡的亏损状况。2018年亏损管理者预计有所回升,但由表3-3可知,2018年LS公司预测亏损在60814.6万元～61314.6万元,2018年实际亏损达到409562万元,与预测下限相比多亏损348747.35万元,是一次不小的打击。

可以明显看到LS公司管理者的过度自信引起的并购行为对LS公司的业绩造成严重影响。管理者自信其决策可以获取高额利润、避免巨大损失,然而其过度自信没有考虑到与其期待达到的目的相反的高风险,最终LS承担了巨额亏损,在2020年不得不退市。

(三) LS公司历史经营业绩

除了可以由上文所述的通过LS公司股价涨跌、年度盈余偏差以及管理者持股情况观察管理者是否存在过度自信行为外,分析历史经营业绩也是测度管理者过度自信的方式之一。

由于企业历史经营业绩可以由企业历年来的主要财务状况体现,因此本案例选取了如表3-4所示的LS公司2013～2019年部分财务数据并加以图3-6～图3-8所示的曲线辅助,对其历史经营业绩进行分析。

表3-4　　　　　　　　2013～2019年LS主要财务数据表

年份	营业收入 (万元)	上市公司股东净利润 (万元)	资产总额 (万元)	加权平均净资产 收益率 (%)	资产负债率 (%)
2013	236124.47	25500.97	502032.5	18.19	58.58
2014	681893.86	36402.95	885102.32	13.83	62.63
2015	1301672.51	57302.72	1698215.46	16.17	77.53
2016	2195095.14	55475.92	3223382.6	8.2	67.48
2017	702521.58	-1387804.48	1789764.91	-211.4	103.72
2018	155777.79	-409561.94	845000.66	—	141.25
2019	48554.82	-1127892.45	590755.77	—	351.3

如图3-6曲线分析可知,LS公司营业收入在2013～2019年间呈现先上升后下降的趋势,2016年之前营业收入不断增加,2016年的营业收入达到高峰,但是在2017

年发生骤降,并从 2017 年开始持续降低,表明 LS 前两次并购给予 LS 较高的回报,但 2016 年开始因为过度自信造成的三次并购让 LS 资金流紧张,并使得营业收入从 2017 年开始走低。此外,LS 公司从 2017 年开始基本上未发生并购行为,显示出其市场扩张步伐减缓,这也在一定程度上对其营业收入造成影响。

图 3-6 2013~2019 年 LS 公司营业收入

与此同时,如图 3-7 所示,上市公司股东净利润在 2013~2018 年间的变化与其业绩预测变化(如图 5)趋势相似,在 2017 年骤然下跌,打破了其在 2013~2016 年的稳步上升趋势。自 2017 年开始,LS 盈不抵亏,2018 年和 2019 年虽然亏损相对于 2017 年较少,但从 LS 整体来看,企业已经面临严重的财务危机;此外,如图 3-8 所示,资产总额在 2013~2016 年也是逐年上升,在 2016 年达到高峰,这是 4 年间 LS 不断并购的体现;但从 2017 年开始,资产总额不断减少,原因除了上述所言的管理者过度自信导致的并购行为外,直接原因是公司因为出现资金链供应不足问题造成了资产总额不断减少最终导致 LS 退市。

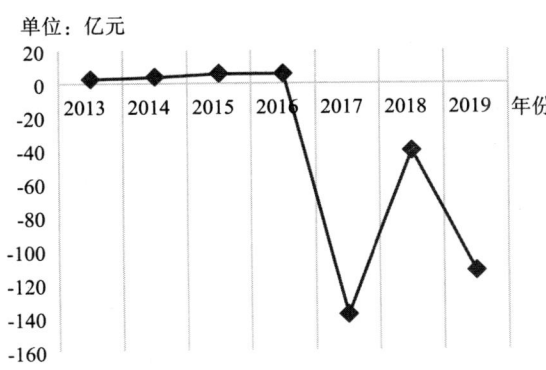

图 3-7 2013~2019 年 LS 上市公司股东净利润

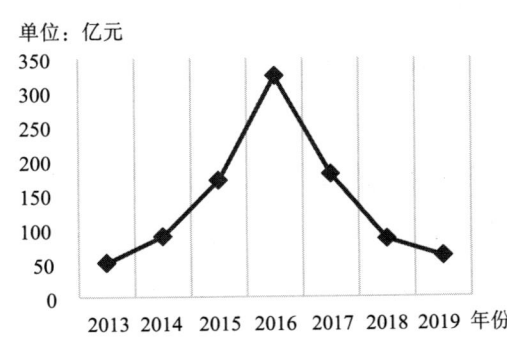

图 3-8 2013~2019 年 LS 公司资产总额

此外，如表3-4可见LS公司加权平均净资产收益率逐年下降，尤其在2017年出现大额亏损后，此项数据骤然跌为-211.4%，这说明LS的一系列经营状况对公司收益或者说股东收益影响之大，公司营运资本效率也逐年降低；资产负债率在2013～2019年不断增加且最低竟为52.58%，说明LS公司的负债逐年增加，尤其在2019年资产负债率达351.3%，这意味着公司已经资不抵债，也预示着LS2020年的退市。

综上所述，LS公司管理者所带来的5次并购从整体上来看是极为不理性的。LS公司的管理者盈利能力较低导致公司处于亏损状态，其这种忽视风险的过度自信行为给LS带来的并购严重阻碍了LS的发展，甚至让LS走到了退市的地步。可见，依靠过度自信和过度乐观的并购是不可取的，企业得以长久发展需要的是管理者审时度势，用理性的眼光看待每一次决策。

四、结论与建议

（一）结论

本案例基于管理者过度自信理论，选用LS公司退市案例分析企业过分扩张或并购的原因以及其给公司带来的影响，得出如下结论：

第一，过度自信的管理者在进行企业市场扩张或者并购时更容易低估风险而表现出激进性与乐观态度。管理者在企业并购或扩张决策中会受到自身主观因素影响产生过度自信心理，而其持股比例越高、企业历史经营业绩越好，盈余预测偏差越大，管理者过度自信程度就越高，其就越会低估风险做出非理性决策，从而表现出不符合企业发展的并购行为，使得企业出现财务危机。

第二，管理者过度自信产生的原因是企业内部管控的失效。集中式的股权结构给予了管理者过高的权力，因此管理者容易受到蒙蔽而做出非理性决策，加之其决策缺少抑制与制衡，公司发展运营方向几乎由管理者一个人决定，这也就大大降低了公司发展的容错率，从而提升了公司运营和财务风险，容易在并购过程中出现资金流不足的后果。

（二）建议

第一，建立相互制衡的决策机制。为有效规避"一言堂"的出现，合理避免某一位管理者过度自信导致的并购或扩张行为会对公司带来的不可逆转的危害，公司应当建立高效的内部制衡机制，分散股权，起到权力分流、多足鼎立的效果，从而使得公司决策能够以"少数服从多数"的形式完成。

第二，建立透明公开的监督机制。对管理者的过度自信行为进行公开监督，时刻督促其在做任何决策时保持清醒与理性，一旦出现高管过度自信并购行为，则立即公开其行为并通知和劝诫其减少参与企业并购工作，从而减少因其行为造成的企业损失。

第三，完善赏罚分明的奖惩机制。加强企业绩效考评机制的运行管理，对管理者过度自信造成公司损失的行为进行批评与惩罚，对理性决策行为进行褒奖与激励。同时做好高管聘任工作，一旦高管过度自信行为对公司造成巨大损失，公司应以能者任职的原则立刻做出决断。同时也可以对管理者绩效进行定期检查与评估，激励其不断提升自我，减少错误的发生。

参考文献

[1] 傅强，方文俊. 管理者过度自信与并购决策的实证研究 [J]. 商业经济与管理，2008（4）.

[2] 周海力，杨秀刚. 管理者过度自信对股票回购的影响——以 A 股中小板 2013—2019 年数据为例 [J]. 西昌学院学报（自然科学版），2020，34（03）：55 - 59 + 124.

[3] 肖峰雷，李延喜，栾庆伟. 管理者过度自信与公司财务决策实证研究 [J]. 科研管理，2011，32（08）：151 - 160.

[4] 李佩锟，马腾. 管理者过度自信与公司业绩的关系研究——以贸易类上市公司为例 [J]. 商业时代，2012（24）：99 - 100.

[5] 章细贞，张琳. 企业并购对财务风险的影响——基于管理者过度自信视角的实证研究 [J]. 技术经济，2014，33（03）：90 - 96.

[6] 郭芳兵. 高管过度自信对并购绩效的影响研究 [D]. 辽宁大学，2020.

[7] 曹崇延，翟青梅. 管理者过度自信对企业扩张影响的统计检验 [J]. 统计与决策，2020，36（11）：169 - 173.

[8] 陆阳俊. 管理者过度自信与企业投资行为研究——以 LS 公司为例 [J]. 商业会计，2018（24）：83 - 85.

［9］黄欣欣. 管理者过度自信视角下千山药机连续并购案例研究［D］. 湘潭大学，2019.

［10］Roll R. The hubris hypothesis of corporate acquisitions［J］. Journal of Business，1986（59）：197-216.

［11］Malmendier U，and Tate G. CEO overconfidence and corporate investment［J］. Journal of Finance，2005（60）：2661-2700.

［12］Lin Y，Hu S，and Chen M. Managerial optimism and corporate investment some empirical evidence from Taiwan［J］. Pacific-Basin Finance Journal，2005，13（5）：523-546.

［13］Doukas JA，and Petmezas D. Acquisitions，Overconfident Managers and Self-Attribution Bias［J］. Social Science Electronic Publishing，2010，13（3）：531-577.

［14］Ben-David I，Graham J. R，and Harvey C. R，Managerial Overconfidence and Corporate Policies［J］. NEBR Working Paper，2006，No：13711.

［15］Gervais S，Heaton J. B.，and Odean T. Overconfidence，Investment Policy，and Executive Stock Options［J］. Ssrn Electronic Journal，2003.

案例 4

基于信用评级视角的企业财务风险分析
——以汽车制造行业企业为例

黄 燕 李杰群 吴 洁 周珊珊 罗 茜[*]

企业的财务活动贯穿于生产经营的整个过程中，筹措资金、长短期投资、分配利润等都可能产生风险，因此财务风险是客观存在的，信用评级机构应结合被评企业所处行业特点，合理构建信用评级模型，综合考虑各项评级要素及细化指标及其赋权。本案例以汽车制造行业企业为例，具体分析了基于信用评级视角的财务风险应注意的要点，主要从风险容忍度、财务政策、会计政策、现金流状况、负债结构和资产质量、流动性短期因素方面分析说明了汽车制造企业财务活动对自身信用水平的影响。

---

[*] 黄燕，经济学博士，上海立信会计金融学院讲师，主要研究方向：信用管理、金融监管。李杰群，经济学博士，上海立信会计金融学院副教授，主要研究方向：信用管理。吴洁，经济学博士，上海立信会计金融学院讲师，主要研究方向：信用管理、公司金融。周珊珊，经济学博士，上海立信会计金融学院讲师，主要研究方向：信用管理、创新经济。罗茜，上海立信会计金融学院2018级信用管理专业本科生。

一、汽车制造行业信用评级模型的基本思路与框架

(一) 汽车制造行业信用评级的基本分析思路

影响汽车制造企业个体信用质量的风险要素划分为业务风险和财务风险两大类（一级要素）如图 4-1 所示。其中，业务风险包括宏观环境、行业风险、市场竞争、盈利能力以及公司治理 5 项二级要素；财务风险包括财务政策风险、会计政策与质量、现金流状况、负债结构与资产质量以及流动性 5 项二级要素。此外，工商企业评级模型（汽车制造）也会考虑政府支持、股东或实际控制人支持以及其他支持等外部支持因素。

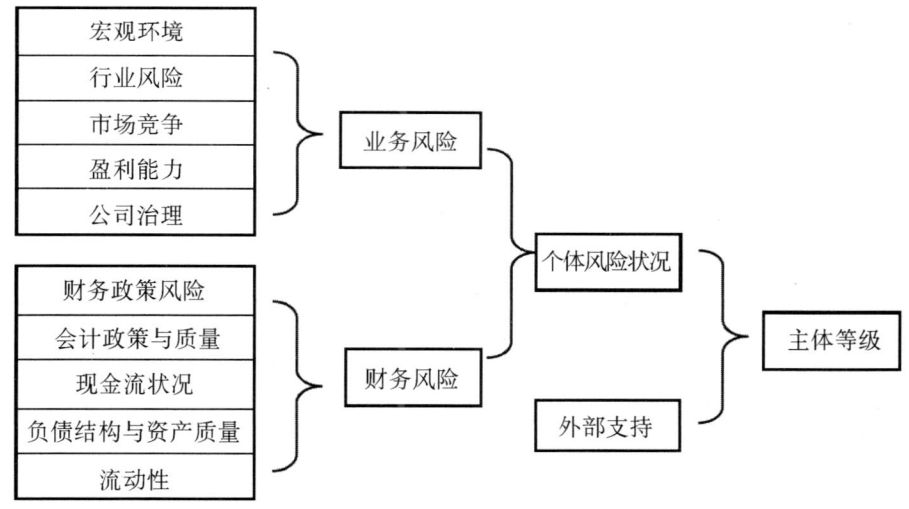

图 4-1　汽车制造企业的信用评级分析思路

(二) 汽车制造行业信用评级的基本要素与指标赋权

对汽车制造企业而言，其业务风险相较于财务风险对信用质量的影响更大，而且在实际企业运营中前者对后者能够产生重要影响；而较高的财务风险也会反过来影响企业业务运营。因此，经综合权衡，该信用评级机构在汽车制造行业的信用评级模型中将业务风险和财务风险分别赋予 60% 和 40% 的权重，二级要素及三级要素/指标与赋权如表 4-1 所示。

表 4-1 某信用评级机构发布的汽车制造行业企业信用评级要素/指标与赋权一览表

一级要素	权重	二级要素	权重	三级要素	权重
业务风险	60%	宏观环境	20%	—	—
		行业风险	15%	—	—
		市场竞争	45%	年销售规模（万辆）	20%
				总资产规模（亿元）	20%
				竞争地位	20%
				经营能力	40%
		盈利能力	10%	毛利率（%）	40%
				EBITDA（亿元）	30%
				未来盈利变化	30%
		公司治理	10%	组织结构	50%
				战略与管理	50%
财务风险	40%	财务政策风险	10%	财务政策影响	35%
				重大或有事项影响	35%
				信用信息记录影响	30%
		会计政策与质量	15%	会计政策	40%
				会计信息质量	60%
		现金流状况	25%	营业收入现金率（%）	25%
				非筹资性现金净流量与刚性债务比率（%）	20%
				EBITDA/利息支出（倍）	20%
				未来现金流变化	35%
		负债结构与资产质量	25%	资产负债率（%）	30%
				应收账款周转速度（次）	20%
				存货周转速度（次）	20%
				资产受限程度	30%
		流动性	25%	流动比率（%）	30%
				现金比率（%）	25%
				可用授信情况	45%

二级要素中，宏观环境主要考察企业面临的宏观经济周期、货币政策和财政政策变化等因素，该评级机构结合宏观经济分析，定期会赋予风险分档。行业风险要素主要考察汽车制造行业的经营环境与竞争态势、增长及盈利趋势、成本变化和风险事件、融资环境变化与趋势、政府管制与法律风险等因素，该评级机构对汽车制造行业要素进行综合评估和分析，定期赋予汽车制造行业风险分档。

评级指标包括定量指标和定性指标。定量指标一般按照20%、30%和50%的权重加权计算近三年的年度经营及财务数据与指标,并参照给定的阈值或参数通过分段线性插值方式得出相应的评分结果,若欠缺某些年度数据,权重需加以调整。定性指标主要由该信用评级机构的信用分析师根据指标涉及的范围及内容进行评估并做出定性评价。评级模型中所有定性指标评价结果与分值之间对应关系如表4-2所示。

表4-2　　　　　　　　　定性指标评价结果与分值之间对应关系

指标/分值/评价	A	B	C	D	E
各类定性指标	100	85	70	50	20

二、汽车制造行业信用评级财务风险分析要素及主要指标

财务风险是指企业在各项财务活动中由于各种难以预料和无法控制的因素,使企业在一定时期、一定范围内所获取的最终财务成果与预期的经营目标发生偏差,从而形成的使企业蒙受经济损失或更大收益的可能性。企业的财务活动贯穿于生产经营的整个过程中,筹措资金、长短期投资、分配利润等都可能产生风险,因此财务风险是客观存在的,企业通过自身经营不可能完全规避风险。该信用评级机构在分析汽车制造行业企业的财务风险时主要考虑如下评级要素及指标。

(一) 财务政策风险

财务政策风险要素的定性指标主要包括财务政策影响、重大或有事项影响和信用信息记录影响。财务政策影响主要考察企业财务政策的合理性和稳健性。重大或有事项影响主要考察企业的或有事项的实质影响。信用信息记录影响主要综合分析企业、控股股东、实际控制人或保证人等的外部信息查询情况。

(二) 会计政策与质量

会计政策的一致性和可比性、会计数据的异常变动和会计信息的质量是进行财务风险分析的基础。会计政策与质量要素的定性指标主要包括会计政策和会计信息质量。会计政策主要综合分析会计政策的稳健性和合理性。会计信息质量主要考察企业的审计意见类型。

(三) 现金流状况

现金流状况要素的定量指标主要包括营业收入现金率、经营性现金净流量/刚性债务、非筹资性现金净流量/刚性债务、经营性现金净流量/总债务和EBITDA/利息支出;定性指标包括未来现金流变化,主要分析企业的未来现金流变化趋势,其指标公式与阈值如表4-3所示。

表4-3 衡量现金流状况要素的定量指标公式与阈值

指标	计算公式	阈值					
		100	80~100	60~80	40~60	20~40	20
营业收入现金率[%]	销售商品、提供劳务收到的现金/营业收入×100%	≥110	[100,110)	[80,100)	[70,80)	[60,70)	<60
非筹资性现金净流量与刚性债务比率[%]	[经营活动产生的现金流量净额+投资活动产生的现金流量净额]/[(期初刚性债务合计+期末刚性债务合计)/2]×100%	≥50	[30,50)	[10,30)	[0,10)	[-20,0)	<-20
EBITDA/利息支出[倍]	EBITDA/(列入财务费用的利息支出+资本化利息支出)	≥10	[5,10)	[3,5)	[1,3)	[0,1)	<0

(四) 负债结构与资产质量

负债结构与资产质量要素的定量指标包括资产负债率、应收账款周转速度和存货周转速度;定性指标包括资产受限程度,主要综合分析受限资产规模以及对企业信用质量的影响,其指标公式与阈值如表4-4所示。

表4-4 衡量负债结构与资产质量要素的定量指标公式与阈值

指标	计算公式	阈值					
		100	80~100	60~80	40~60	20~40	20
资产负债率(%)	期末负债合计/期末资产总计×100%	<60	(70,60]	(75,70]	(80,75]	(85,80]	≥85
应收账款周转速度(次)	营业收入/[(期初应收账款余额+期末应收账款余额)/2]	≥8	[6,8)	[4,6)	[3,4)	[1,3)	<1
存货周转速度(次)	营业成本/[(期初存货余额+期末存货余额)/2]	≥4	[3,4)	[2,3)	[1,2)	[0.5,1)	<0.5

（五）流动性

流动性要素的定量指标包括流动比率和现金比率；定性指标包括可用授信情况，主要综合分析企业的授信规模、来源以及信用条件等，其指标公式与阈值如表 4-5 所示。

表 4-5   衡量流动性要素的定量指标公式与阈值

指标	计算公式	阈值					
		100	80~100	60~80	40~60	20~40	20
流动比率(%)	期末流动资产合计/期末流动负债合计×100%	≥120	[100,120)	[80,100)	[60,80)	[50,60)	<50
现金比率(%)	(期末货币资金余额+期末交易性金融资产余额+期末应收银行承兑汇票余额)/期末流动负债合计×100%	≥50	[30,50)	[20,30)	[10,20)	[5,10)	<5

三、以浙江 JL 控股集团为例的财务风险分析

（一）案例企业的基本概况

浙江 JL 控股集团（以下简称"JL 控股集团"）始建于 1986 年，从生产电冰箱零件起步，发展到生产电冰箱、电冰柜、建筑装潢材料和摩托车，1997 年进入汽车行业，一直专注实业，专注技术创新和人才培养，不断打基础练内功，坚定不移地推动企业转型升级和可持续发展。现资产总值超过 3900 亿元，员工总数超过 12 万人，连续 9 年进入《财富》世界 500 强。

JL 控股集团现已发展成为一家集汽车整车、动力总成和关键零部件设计、研发、生产、销售和服务于一体，并涵盖出行服务、数字科技、金融服务、教育等业务的全球创新型科技企业集团。集团总部设在杭州，旗下拥有吉利、领克、几何、沃尔沃、极星、宝腾、路特斯、英伦汽车、远程新能源商用车、太力飞行汽车、曹操出行、钱江摩托、盛宝银行、铭泰等品牌，在新能源科技、共享出行、车联网、智能驾驶、车载芯片、低轨卫星、激光通讯等前沿技术领域不断提升能力，积极布局未来智慧立体出行生态。

JL 控股集团是沃尔沃集团第一大持股股东和戴姆勒股份公司第一大股东。JL 控股

集团在中国上海、杭州、宁波以及瑞典哥德堡、英国考文垂、西班牙巴塞罗那、美国加州、德国法兰克福、马来西亚吉隆坡等地建有造型设计和工程研发中心，研发、设计人员超过2万人，拥有大量发明创新专利。在中国、美国、英国、瑞典、比利时、白俄罗斯、马来西亚建有世界一流的现代化整车和动力总成制造工厂，拥有各类销售网点超过4000家，产品销售及服务网络遍布世界各地。

（二）基于信用评级视角的案例企业财务风险分析

表4-6整理计算了该案例企业2016~2018年及截至2019年9月末的主要财务数据和指标数据，根据前述汽车制造行业的评级方法和评级模型的分析介绍，并搜集案例企业的相关资料（企业基本信息、企业近年年报、汽车行业分析资料等），从信用评级角度对该案例企业展开如下财务风险分析。

表4-6　　　　　案例企业主要财务数据与指标　　　　单位：亿元人民币

项目	2016年末	2017年末	2018年末	2019年前三季度
母公司口径数据：				
货币资金	0.24	0.43	8.27	10.64
刚性债务	79.11	149.34	161.25	251.35
所有者权益	5.62	41.06	36.63	55.41
经营性现金净流入量	-17.85	6.88	151.48	-112.16
合并口径数据及指标：				
总资产	2067.41	2764.06	3334.31	3774.26
总负债	1442.20	1859.47	2306.78	2620.63
刚性债务	505.12	595.92	1041.62	1347.73
所有者权益	625.20	904.59	1027.54	1153.63
营业收入	2087.99	2782.65	3285.21	2268.51
净利润	117.11	188.24	202.68	105.61
经营性现金净流入量	339.01	430.39	431.46	220.66
EBITDA	263.13	374.75	436.11	—
资产负债率（%）	69.76	67.27	69.18	69.43
权益资本与刚性债务比率（%）	123.77	151.80	98.65	85.60
流动比率（%）	102.96	101.07	100.30	110.14
现金比率（%）	67.17	62.18	62.24	65.77
利息保障倍数（倍）	7.90	13.04	11.99	—
净资产收益率（%）	22.57	24.61	20.98	—

续表

项目	2016年末	2017年末	2018年末	2019年前三季度
经营性现金净流入量与流动负债比率（%）	37.69	37.34	30.89	—
非筹资性现金净流入量与负债总额比率（%）	6.26	6.36	-17.52	—
EBITDA/利息支出（倍）	12.53	19.57	18.73	—
EBITDA/刚性债务（倍）	0.58	0.68	0.53	—

资料来源：根据JL控股经审计的2016~2018年及未经审计的2019年前三季度财务数据整理、计算。

1. 资本结构分析

（1）财务杠杆：近年来，该公司销售额增长较快，为扩大产能，公司加快沃尔沃国内生产基地、吉利汽车扩产能项目建设。此外，公司近年来对外股权投资规模较大，并加快对新车型和新技术的研发投入，使得公司负债增长较快。2016年、2017年、2018年及2019年9月末，负债总额分别为1442.20亿元、1859.47亿元、2306.87亿元和2620.63亿元，资产负债率分别为9.76%、67.27%、69.18%和69.43%，财务杠杆水平总体较高。

（2）债务结构：从债务期限结构来看，该公司负债绝大部分为短期债务，2016年、2017年、2018年及2019年9月末，长短期债务比分别为46.50%、40.75%、56.70%和69.69%，债务结构有所优化。从债务构成来看，公司负债主要由应付账款、预收账款、其他应付款和刚性债务构成。同期末，应付账款占比分别为21.61%、22.51%、18.26%和15.97%，期限以一年期以内为主，主要为满足市场需求备货进行原材料采购所致；预收账款占比分别为6.04%、4.79%、2.51%和1.35%，以一年期为主，系经销商预付货款，2018年年末预收账款同比下降35.11%，主要系下游订单有所减少以及新会计准则下科目调整所致；其他应付款（不含应付利息和应付股利）占比分别为6.79%、6.84%、2.20%和2.39%，主要为往来款和暂借款等，2018年年末公司其他应付款降幅较大，主要系外部供应商的应付设备款大幅减少所致。

（3）刚性债务：2016年、2017年、2018年及2019年9月末，该公司刚性债务余额分别为505.12亿元、395.9亿元、1046亿元和13473亿元，近年来公司刚性债务增加较快主要系公司对外投资并购、业务规模扩大以及在建项目投资，资金需求增加所致。2016年、2017年、2018年及2019年9月末，公司中长期刚性负债占比分别为58.77%、48.30%、49.24%和53.41%。从刚性债务结构来看，公司刚性债务主要为短期借款、应付票据、长期借款和应付债券。同期末，短期借款分别为112.19亿元、137.58亿元、350.93亿元和333.89亿元，主要为保证借款和信用借款；应付票据分别为 35.46 亿元、97.10 亿元、134.09 亿元和 197.80 亿元，主要为银行承兑汇票，用于支付相应货款；长期借款分别为 132.77 亿元、134.18 亿元、311.19 亿元和 383.03 亿元，主要为保证借款和信用借款，2018 年末大幅增加主要为支付对外并购款以及项目投资建设投入所致；应付债券分别为 164.09 亿元、153.64 亿元、198.30 亿元和 333.32 亿元，2018 年末应付债券较 2017 年末增长了 29.07%。

2. 现金流量分析

（1）经营环节：2016 年、2017 年、2018 年，该公司营业周期分别为 56.84 天、55.35 天和 58.45 天，变动不大。同期，公司营业收入现金率分别为 101.38%、106.96% 和 108.47%，呈逐年上升趋势，业务现金收支净额分别为 354.35 亿元、488.79 亿元和 484.80 亿元。随着业务规模的扩张，同期公司经营环节产生的现金流量净额分别为 339.01 亿元、430.39 亿元和 431.46 亿元，呈逐年上升趋势。2019 年前三季度，公司营业收入现金率为 109.35%，因营业收入规模下降，经营环节产生的现金流量净额为 220.66 亿元，较上年同期减少 22.18%，现金回款情况良好。

该公司 2016 年、2017 年、2018 年 EBITDA 分别为 263.13 亿元、374.75 亿元和 436.11 亿元，主要为利润总额。同期，公司 EBITDA 对利息支出的保障倍数分别为 12.53 倍、19.57 倍和 18.73 倍，对利息支出的保障能力强；同期 EBITDA 对刚性债务的保障倍数分别为 0.58 倍、0.68 倍和 0.53 倍，2018 年公司刚性债务规模增加，导致当年公司 EBITDA 对刚性债务的保障倍数降低，但公司总体对刚性债务的保障能力仍较强。

（2）投资环节：近年来，该公司加大产能扩张，随着在建生产基地的建设、对外股权投资及研发投入，公司现金流呈净流出状态。2016 年、2017 年、2018 年及 2019 年前三季度，投资活动产生的现金流量净额分别为 -256.25 亿元、-325.46 亿元、-796.32 亿元和 -279.50 亿元，其中 2018 年公司支付沃尔集团和盛宝银行股权收购款，致当期投资性现金大额净流出。总体而言随着公司在建项目的持续投入，公司投资活动现金净流出逐年增加，截至 2019 年 9 月末，国内主要在建项目仍需投资 150.11 亿元，未来面临较大的投资压力，预计短期内公司投资性现金流仍将保持净流出状态。

（3）筹资环节：该公司下属子公司吉利汽车为上市公司，直接融资渠道较畅通。公司可通过直接融资（发行股票、债券）和间接融资（银行借款）等多种方式筹资。2016 年、2017 年、2018 年，公司权益类净融资额分别为 89.48 亿元、30.78 亿元和 80.67 亿元。2016 年公司权益类净融资额主要为子公司 Volvo CarAB 通过非公开发行方式，向外部机构投资者发行50万股优先股产生资本溢价34.66亿元以及吉利汽车等公司产生资本溢价29.97亿元；2017年权益类净融资额主要为公司认股权证行权增加所致。2018年公司权益类融资净额主要系公司新成立全资子公司，收到少数股东投资款大幅增加所致；债务类净融资额大幅增加主要系公司新增银行借款以及新发行债券收到的现金。2016年、2017年、2018年及2019年前三季度，公司筹资环节产生的现金流量净额分别为139.92亿元、83.01亿元、478.48亿元和177.34亿元。其中2018年筹资性现金流净额较大主要系当年公司间接融资规模扩大以及新发行债券所致。

3. 资产质量

近年来，该公司资产总额稳步扩大，2016年、2017年、2018年及2019年9月末分别为2067.41亿元、2764.06亿元、3334.31亿元和3774.26亿元，其中流动资产占资产总额的比重分别为49.01%、48.31%、44.28%和45.07%。公司流动资产以货币资金、应收票据、应收账款和存货为主。2016年、2017年、2018年及2019年9月末，公司货币资金分别为477.14亿元、542.69亿元、673.40亿元和772.50亿元，主要系销量增长带来现金流入。2016年、2017年、2018年，受限货币资金分别为1.26亿元、5.01亿元和32.47亿元，2018年受限货币资金量增加主要系用于银行承兑汇票保证金增加。截至2019年9月末，该公司受限资产账面金额为16.47亿元，受限资产占总资产比例为0.44%，主要为存单及保证金，受限资产占比维持在较低水平。

公司主要采用款到发货的销售方式，银行承兑汇票在公司销售回款中占较大的比例，同期末应收票据分别为102.59亿元、247.10亿元、226.15亿元和229.91亿元。同期末应收账款分别为62.12亿元、68.66亿元、68.77亿元和102.21亿元，2019年9月末应收账款随销售活动增加，较2018年末大幅增长，账龄主要在1年以内。2016年、2017年、2018年，应收账款周转速度分别为31.44次、42.55次和47.81次。近3年公司应收账款周转率呈上升趋势，应收账款管理能力逐年提升。2016年、2017年、2018年及2019年9月末，存货分别为216.27亿元、335.56亿元、371.82亿元和431.13亿元，主要为与汽车生产相关的原材料、在产品、库存商品和研发项目成本，存货规模随着公司业务规模的扩张而增长。

4. 流动性短期因素

2016年、2017年、2018年及2019年9月末，该公司流动比率分别为102.96%、101.07%、100.30%和110.14%，略有波动。同期末速动比率分别为78.24%、74.01%、73.26%和80.55%，速动比率较低主要系存货金额较大所致，现金比率分别为 67.17%、62.18%、62.24% 和 65.77%，公司资产流动性一般。

5. 基本结论

综上所述，受对外并购、扩产能项目在建规模较大以及研发费用的持续投入影响，该公司资金需求增加，负债规模增长较快，财务杠杆水平上升，面临一定的偿债压力。但公司目前盈利状况较好，经营性现金持续净流入，且货币资金存量较充足，能够对即期偿债提供保障。

四、小结：基于信用评级视角的汽车制造行业企业财务风险分析要点

如前所述，该信用评级机构对于财务风险的衡量是建立在业务风险的基础之上的，主要从风险容忍度与财务政策、会计政策、现金流状况、负债结构和资产质量、流动性/短期因素等方面考察汽车制造企业财务活动对其信用水平的影响程度。

（一）风险容忍度与财务政策

汽车制造行业存在资本密集型的先天行业壁垒，同时为了获取差异化竞争的生存策略我国的汽车制造企业对资本需求具有先天偏好，因此，从某种程度而言，汽车制造行业属于风险偏好行业，主要采用定性分析方式来分析汽车制造企业的风险容忍度与财务政策要素，具体包括与（1）信用管理政策、（2）融资管理政策、（3）投资管理政策和（4）股利管理政策。分析考察着重于企业购销环节的账期管理及风险敞口，融资渠道、方式及筹资成本控制能力，企业项目及非主业投资的决策、执行、风险管理与效果等。

由于我国汽车制造企业高度依赖债务资金筹措（即其多采取激进财务政策），其更易在宏观经济波动中受到冲击（特别是在经济处于衰退周期阶段），因此，我国汽车制造企业对自有资本和有息债务的平衡直接影响其信用水平。同时，企业历史的分红政策、各项准备金的计提标准、资产计价标准以及负债目标的管理等也能够反映我国汽车制造企业的风险容忍度。

值得注意的是，对我国汽车制造企业风险容忍度和财务政策的分析不是一成不变的，需要结合宏观经济周期阶段以及当前的市场环境进行分析。在处于宏观经济景气周期和市场需求旺盛阶段，处于行业竞争优势地位的企业主动性负债规模的扩大在一定程度上有利于其实现较高盈利，但需要关注的是财务政策的激进程度是否匹配其长

期投资计划，避免管理层的短视行为。

此外，企业对其生产基地的资本性支出规模一般较大，脱离产品结构升级改造、经营战略定位的合理性的资本支出计划，就可能会导致汽车制造企业资金链的枯竭。

（二）会计政策

企业财务报告是信用评级机构进行财务分析的基础。在信用评级的分析中，各财务比率的横向比较和纵向趋势分析是衡量汽车制造企业财务风险和业务风险的重要方式，会计政策的可比性和财务信息质量则是财务比率分析的基础。不同企业甚至同一企业不同期间执行的会计政策差异往往会对其财务数据产生显著影响，如折旧政策的调整就会显著影响盈利状况（因为汽车制造企业的固定资产占用规模大）。在某些情况（如企业的会计政策具有较大的特殊性）下，需要对发行人财务报告数据进行必要的调整，以增强行业内企业之间的可比性。因此，在分析汽车制造企业会计政策时，需要重点关注到：（1）会计政策的一致性与可比性、（2）会计信息的质量及（3）会计数据的异常变动等。这些要素主要采用定性分析方式进行衡量。企业会计政策的一致性和可比性是评级机构进行企业信用质量和信用稳定性分析的基础。

会计信息质量是企业会计政策执行的重要体现，应该根据审计报告意见、会计数据的变动或异动情况，对企业的信用质量和稳定性进行评价。对于非标准的审计意见、会计数据的变动或异动对企业信用产生负面影响的，将对企业信用质量和稳定性给予合理的信用负面评价并形成相应的信用减分。

不同企业甚至同一企业不同期间执行的会计政策差异往往会对其财务数据产生显著影响。因此，还需考察的子要素包括会计政策的一致性和可比性、会计数据的异常变动和会计信息的质量，关系到财务数据分析的真实性和有效性。

（三）现金流状况

经营性现金净流入是衡量企业运用内部资源偿还借款能力的直接表现。具有较高信用水平的汽车制造企业应该形成稳定的经营性现金净流入，包括在行业不景气时期。

现阶段我国汽车制造企业大多采用合营、合资方式，这些合营、合资下的大量的子公司的股利分配资金往往成为我国汽车制造企业现金流的重要来源，因此对我国汽车制造企业的分析需要综合分析其经营活动产生的现金流和投资活动的现金流，并以此为基础进行资金缺口测算和比较分析。

在规模经营是企业获取差异化竞争优势的首要条件下，以扩大规模产生的投资性现金流出加速是其财务表现的常态。但持续的大规模投资性现金流出会导致我国汽车制造企业刚性债务规模的增加和财务风险的积聚。因此评价企业投资性现金流，需要考察企业的资本支出计划，并结合其项目资金来源的安排和自筹资金能力综合判断其建设资金缺口。

一般而言，财务角度的现金流量分析着重从企业整车创现能力及其波动性、经营性净现金流对债务的保障程度等方面展开。核心指标包括经营性现金净流量与刚性债务比率、非筹资性现金净流量与刚性债务比率和经营性现金净流量与总债务比率等。另外，汽车制造行业具有先期投资规模较大的特征，因此扣除折旧因素的现金流（EBITDA）对利息的保障水平也是评价其经营性现金流稳定性的重要指标。

（四）负债结构和资产质量

我国汽车制造企业长期资本的构成对其主体信用风险或财务风险有着重要影响，债务负担重的企业将会面临较大的偿付压力，财务风险较大。同时，债务期限结构的不合理，特别是短期债务压力大的汽车制造企业可能会牺牲长期利益而最终导致其未来潜在竞争力的损害。另外，汽车制造行业对长期资本的需求大于短期资本的需求，分析资本结构的基本指标是资产负债率。

汽车制造行业是耐用消费品行业，产品的周转周期较长，且从整车制造到商业流通具有一定的物流周期，因此衡量企业的资产质量更多地依赖合理库存、长短期资产结构、资产科目余额占比与营业收入规模的匹配性判断，以及这些资产科目的实际变现能力。汽车作为价值较高的耐用消费品（或可选耐用消费品）具有价值潜在的波动性风险。特别是对发生召回或新车上市老款降价等情况，企业的存货价值将会出现整体性贬值，因此对其资产质量的判断需要关注其产品质量的稳定性和市场竞争地位变化引起的信用水平的波动。由于企业多是由单一企业滚动发展成为集团企业的，可能存在诉讼、历史对外担保等或有债务，需要关注这些或有债务对我国汽车制造企业债务负担的潜在影响。

（五）流动性短期因素

汽车制造企业在汽车制造行业产业链中居于核心地位，因此在经营中企业可能凭借较强的议价能力和优势地位占用上下游客户的资金，如开具大量远期应付票据、延长支付材料款等，使客户变相地为其提供融资服务，增强其财务弹性，在危机时期更是如此。企业集团化的经营模式往往导致其控股子公司或参股公司较多，庞大的集团企业更加大了集团本部对其资金链的控制难度，一旦制度弱化、资金调度不畅将会直接导致其整个资金链的紧张，流动性风险将显著上升。因此汽车制造企业集团内资金的使用效率是其流动性风险的根源。

尽管汽车制造企业对长期的资本需求更渴求，但短期债务的周转和偿付直接影响我国汽车制造企业的长期融资能力，因此财务弹性的高低是分析其短期流动性风险和保障我国汽车制造企业经营稳定性的重要指标。相对于经营性现金净流入作为衡量汽车制造企业长期偿债能力的指标，财务弹性（流动比率/速动比率）、现金比率是分析我国汽车制造企业流动性风险的重要指标。也就是说，流动性/短期因素是考察汽车制造企业信用质量的重要指标之一，即流动性/短期因素主要考察企业流动资产变现能力和偿还短期债务的能力。值得注意的是，在对汽车制造企业流动性/短期因素进行分析时，充足的流动性是企业获得较高或高信用质量的必要条件，但充足的流动性并不限于上述三个量化指标的具体数值，而是取决于更广泛的因素，如明显偏低的流动比率或现金比率并不直接意味着企业就存在流动性风险。

由于汽车制造行业周期性波动较大，日常运营对资金需求量较多，汽车制造企业往往需要保有一定的现金存量。这样虽然会对企业的资金使用效率产生一定的影响，但在抵御周期性风险方面仍是相当必要的。因此，在衡量企业的流动性时主要考虑企业现金及现金等价物和流动资产对短期债务的覆盖水平。

参考文献

［1］金萍．汽车行业的财务风险与控制研究［J］．现代商贸工业，2021（25）：79－80．

［2］李亚萍．汽车制造企业财务风险管理探讨［J］．会计师，2021（1）：33－34．

［3］李丽娜．我国汽车制造业上市公司财务风险评价［J］．价值工程，2020（2）：110－112．

［4］梁荣栋．汽车制造业发展现状及信用风险展望［J］．北方金融，2020（09）：55－58．

［5］单玉柱，刘思静. 汽车制造业2020年度信用展望［EB/OL］. 2019-12-23. http://www.shxsj.com/show.php? id=18622.

［6］中国银行间市场交易商协会教材编写组. 信用评级：理论与实务［M］. 北京大学出版社，2020.5.

案例 5

上市公司并购重组内幕交易
——基于周某和内幕交易案的分析

刘 萍 陈 兵 金 俊[*]

上市公司内幕交易行为，不利于证券市场的健康发展，也会损害投资者的合法权益。对上市公司内幕交易行为的监管以及执法力度一直在加大，而金融伦理建设也是必要的。本案例分析了来自于 2020 年证监会与最高人民检察院联合发布的证券违法犯罪典型案例中，上市公司并购重组过程中内幕交易行为的案例，对其在法律法规以及金融伦理层面进行分析。

---

[*] 刘萍，第一作者，女，经济学博士，上海立信会计金融学院，金融学院讲师，研究方向：量化投资。陈兵，通讯作者，男，经济学博士，上海立信会计金融学院，金融学院金融系主任、副教授，研究方向：金融稳定、金融理财。金俊，男，上海市证券同业公会研究发展部主任，研究方向：资本市场。

一、引　　言

"内幕交易"行为是证券监管部门的重点打击对象。上市公司的内幕交易行为，不利于证券市场的健康有序发展，也会损害投资者的合法权益。在证券市场上的违法违规行为中，内幕交易占据着较高的比例。2021年1月18日~2021年1月22日，上交所相关监管部门共发送了13份监管工作函，此外，监管部门还要求18个上市公司进一步进行披露补充、更正公告。针对当期上市公司信息披露的违法违规行为，采取了处分措施的有2单；监管部门也加大了信息披露，以及股价异常波动的联动监管机制，针对上市公司的敏感信息披露，或者股价波动发生明显异常情况的，也提请了启动内幕交易以及异常交易的核查过程。而在内幕交易行为中，很多案例就来自于上市公司的并购重组过程之中。

彭志和肖土盛（2018）基于我国上市公司2009~2014年首次披露的573起并购重组样本，采用事件研究法，对并购重组公告日前后的股价和交易量进行了分析。他们的分析结果显示，信息的提前泄露与内幕交易行为在并购重组过程中是普遍存在的。另外，影响内幕交易行为的因素，一方面在于预期的内幕交易收益，金额越大，内幕交易越严重。并且，在并购重组的公告日附近，股票价格发生了明显的异常波动现象；在"并购重组信息"披露之前，上市公司停牌越早，那么证监会对其中内幕交易的稽查与执法力度就越大，这时"内幕交易行为"发生的就越少，防范和抑制内幕交易行为，既要通过法律法规建设加强警示和惩戒，也要加强金融伦理建设，影响和规范证券从业机构和相关人员的行为（熊兰轩，2016）。防范和抑制内幕交易行为，既要通过法律法规建设加强警示和惩戒，也要加强金融伦理建设，构建"合规、诚信、专业、稳健"的证券行业文化，影响和规范证券从业机构和相关人员的行为。

二、内幕交易原因分析

依据张峰铭和王玉莹（2013）等的分析，造成我国并购重组过程中，内幕交易行为屡禁不止的原因，主要包括以下几个方面。

（一）内幕交易信息的保密难度较大

内幕信息没有披露，但消息已经泄密的内幕交易情形有很多先例。内幕信息的扩散途径日益呈现出多元化的态势，使得内幕交易形式多样化，这进一步增加了监管的难度。并购重组信息在形成过程中，有明显的"自上而下"的特征，并购是指涉及公司股权结构的调整，重组主要涉及公司资产负债业务的调整。上市公司的并购重组信息，与财务信息等的披露不同，具体表现在其主导权和决策权通常是集中在控股股东和实际控制人手中，因此，由决策方发起的重大信息，需要等主要决策过程完成之后，确定需要停牌时，才会去通知上市公司。因此在这一过程中，信息的生成过程是在上市公司之外的，因此信息的控制难度也较大。

（二）"登记制度"的外部约束效力较差

2011年"证监会"发布的《关于上市公司建立内幕信息知情人登记管理制度的规定》文件，对上市公司并购重组过程中的内幕信息管理进一步强化"登记制度"，这有利于促进证券市场健康的"资本生态"的形成，进而形成良好的资本流动环境。良好的资本流动环境则有利于推动上市公司的并购重组，以及上市公司的高质量发展。这对于投资者预期的形成，投资者理性投资和价值投资理念的形成，都有积极意义。并购重组过程中的信息管理和内幕信息知情人的完备的登记工作，从实施的效果来看，目前"内幕信息知情人"登记这一管理制度，基本上能够被执行；但在上市公司股东配合度和积极性上还有待进一步提高，登记制度还不能完全有效得到落实。

（三）内幕交易"综合防控"机制有待健全

2011年12月，《依法打击和防控资本市场内幕交易》这一法规文件，对我国资本市场内幕交易行为的防控工作进行了全面的规范性说明。但这目前仅是对资本市场内幕交易综合防控的一个纲领性文件，针对内幕交易行为的综合防控机制还没有完全建立起来，尤其是与综合防控机制相对应的配套机制的建立，还需要进一步落实。

2012年7月，证监会进一步就《基金管理公司开展投资、研究活动防控内幕交易指导意见（征求意见稿）》，公开向社会各界征求意见。该意见稿将"防控内幕交易机制"纳入上市公司的内部控制活动中，并且对内幕信息的识别、报告、合规审查制度也进一步完善，这对于防控内幕交易的空白或者漏洞具有重要的现实意义，也体现了证监会对内幕交易的监督管理职责。上市公司未按照相关法律法规和《指导意见》建立和实施防控"内幕交易机制"的行为也将承担法律责任。然而，配套机制中，例如"联席会议"制度还有待进一步落实，"综合防控体系"的协同效应也还有待进一步提高。

三、内幕交易法律法规与金融伦理建设

(一) 相关法律法规

《证券法》(2005) 规定了在证券交易活动中,涉及上市公司经营和财务等的属于内幕信息的范围。并且规定了,上市公司对于可能影响其股票交易价格产生较大波动的重大事件,在投资者尚未得知时,上市公司应当立即向相关部门发送报告,并且给予公告,以及做出相应说明。并且,《证券法》规定的属于"证券交易"内幕信息的"知情人",以及非法取得内幕信息的个人,在内幕信息公开之前,则不得买卖该上市公司的证券,也不能建议他人买卖该上市公司的证券。

证监会在 2008 年颁布的《上市公司重大资产重组管理办法》中,对上市公司重组事项过程中的信息的披露,其中对"公平披露"以及"信息保密"等方面做出了详细的规定。该办法还规定,上市公司高级管理人员,或者主要负责人等,以及参与重大资产重组各环节的相关机构和人员,均为重大重组过程中的"内幕信息"知情人,他们在重大资产重组的股价敏感信息依法披露前,均负有保密义务,禁止其利用重大敏感信息进行内幕交易以谋取利益。

目前对内幕交易行为的监管和执法力度不断加大。2020 年 12 月 14 日,沪深交易所围绕新一轮退市制度改革,发布新修订沪深两所的股票上市、退市规则等多项配套规则来看,本次退市制度改革严格落实新证券法精神,进一步优化"退市指标",进一步缩短"退市流程"。这一举措有利于加大市场出清的力度,从而提升退市效率。其中,在四类强制退市指标中,新增了"财务造假"量化指标,还新增了"信息披露""规范运作"的退市指标。具体来说,针对信息披露、规范运作存在重大缺陷且拒不改正,以及半数以上董事对于半年报或年报"不保真"这两类情形,细化了具体标准。

(二) 内幕交易与金融伦理建设

内幕交易行为的避免,除了需要法律法规的约束,行业金融伦理的建设也很重要。金融市场伦理缺失的主要表现在金融市场缺乏诚信、三公原则被肆意践踏、部分金融从业人员的职业道德沦丧这几个方面。而内幕交易则是证券市场伦理缺失的一个重要

体现。金融市场伦理相对缺失的根本原因来源于作为市场参与者的"经济人"对自身利益的追求与金融市场对道德价值的内在要求的冲突——利和义的冲突。金融活动与道德行为的错位,例如上市公司与中介机构合谋,双方受益,但损害投资者利益,违背证券市场的伦理要求(张玉梅等,2019)。

目前,国内金融伦理建设进程还处于初期发展的阶段。有些金融机构已经开始建设成立金融廉洁与伦理相关部门。2020年4月29日,苏州银行正式在董事会下设金融廉洁与伦理委员会。苏州银行的这一举措,对于进一步加强银行的廉洁金融建设具有重要的现实意义。苏州银行也成为了国内首家在董事会层面专门设立金融廉洁与伦理委员会的金融机构。苏州银行为其他金融机构将"金融廉洁"和"金融伦理"工作纳入公司治理活动范畴,提供了借鉴。具体地,董事会下设的金融廉洁与伦理委员会,可以指导和规范银行及从业人员在各类金融活动中的金融廉洁和金融伦理行为。

内幕交易行为的法律约束成本比较高,金融市场伦理作为调节市场经济中人们关系的一种自律行为,则规范成本较低,作用范围也广,效用也比较持久(杨霄,2019)。应当加快我国证券市场金融伦理建设进程。

四、内幕交易案例分析

(一)内幕交易案情

2010年起,上市公司"江某股份有限公司"(以下简称"江某公司")寻求"卖壳",唯某有限公司,非上市公司,自2013年以来其计划"借壳"上市。在2014年3月,唯某有限公司的股东合伙人吕某,其委托保荐代表人任某升协助其"找壳",然后任某升委托另一人张某业来协助其"找壳"。此后2014年4月10日,经过张某业的促成,受江某公司委托的保荐代表人叶某与张某业等人进行了会面活动。于2014年4月15日,任某升受吕某的委托,其结合张某业告知的"JQSY"壳资源相关情况,草拟了一份《重组简要方案概述》,在起草过程中,方案所涉及的问题,均由张某业来进行沟通和转达。2014年4月29日,任某升将完成的《重组简要方案概述》正式发送给了吕某。

在2014年5月14日,"重组"双方达成了初步一致意见。接着在2014年6月12日,江某公司发布了重大资产重组的停牌公告。这项"重组"事项信息,在公开前属于内幕信息,而张某业是中间介绍人,并参与了筹划,其在 2014 年 4 月 29 日之前就知道了这一内幕信息。并且,周某和与张某业频繁通讯联系,也从张某业那里得到了有关江某公司的重组预期。因此,周某和控制其本人及其学生和朋友的证券账户,转入资金集中买入"江某公司",因此而获利了 12640120.03 元①。

(二) 案件处理结果

案件听证过程中,当事人周某和主张,张某业未向其泄露内幕信息,其买入"江某公司"不具备内幕交易的特征;公安机关以证据不足为由对周某和涉嫌内幕交易罪案件终止侦查,行政机关不应再作行政处罚;并且证监会将公安机关调取的证据作为行政处罚的证据,不具有合法性。

证监会复核认为:涉案期间内,周某和与内幕信息知情人张某业频繁联系,并获知江某公司有重组预期,且据此买入"江某公司",证据确凿,其交易理由不足以排除其交易的异常性;证监会认定周某和构成内幕交易行为于法有据,其是否被追究刑事责任不影响证监会依法对其作出行政处罚;公安机关调取的资料和制作的讯问笔录系证监会依法取得,所载内容与案件事实密切相关,可以作为本案证据。

2016 年 8 月,证监会做出了具体的行政处罚决定,即认定周某和的上述行为违反了 2005 年《证券法》第七十三条和第七十六条第一款的规定,并且构成了《证券法》第二百零二条所述内幕交易行为。并且证监会决定,没收周某和违法所得 12640120.03 元,并处以 12640120.03 元罚款。

周某和不服上述处罚决定,并提起了诉讼,而一审法院和二审法院均判决驳回该起诉。2019 年 6 月周某和向北京市人民检察院申请抗诉,同年 9 月北京市人民检察院做出《不支持监督申请决定书》,认为证监会处罚决定及人民法院相关判决认定事实清楚、适用法律正确、办案程序合法,决定不支持周某和的监督申请。

(三) 案件启示意义

1. 传递了内幕交易行为"零容忍"信号

该案属于行刑回转案件,证监会在行政调查过程中发现周某和、张某业涉嫌内幕交易犯罪,通过行刑衔接程序将案件移送公安机关,后司法机关依法对本案开展刑事

---

① 案例来源:2020 年证监会与最高人民检察院联合发布证券违法犯罪典型案例,网址:http://www.csrc.gov.cn/pub/newsite/zjhxwfb/xwdd/202011/t20201106_385807.html。

侦查，最终对周某和以"证据不足"决定终止侦查程序，并移交证监会处理。由于行政执法与刑事司法在证明标准、法律适用等方面存在区别，公安机关终止侦查的决定，是对犯罪嫌疑人是否符合刑事追诉标准作出的独立判断，不影响行政执法机关依法履行行政处罚程序。证监会接受公安机关移送的案件后，对公安机关调取的资料和制作的讯问笔录进行了充分审查，并根据在案证据情况及2005年《证券法》有关规定，依法对周某和做出处罚。本案调查、移送、回转、处罚的全过程，充分体现了行刑衔接机制在法律追责方面的优势，向市场传递了严厉打击资本市场违法违规行为的信号，警示市场参与者戒绝侥幸心理，依法依规参与市场活动。

2. 在案证据综合分析，依法查处内幕交易行为

内幕交易具有"隐蔽性"的突出特点，对内幕交易行为人是否获知内幕信息这一主观状态，往往缺乏直接证据，需要结合行为人的外在行为进行认定。该案中，周某和拒不承认获知内幕信息，证监会通过对其交易行为异常特征及其与张某业联络接触情况等客观证据进行综合分析，依法认定其构成内幕交易，对违法者形成有力震慑，司法机关亦予以认可。内幕交易行为严重破坏资本市场的健康运行，也严重破坏了市场"公平交易"原则，侵害了投资者的合法权益。在新《证券法》显著提高包括内幕交易在内的证券违法违规成本的背景下，证监会将持续加大对内幕交易等违法行为的打击力度，切实维护资本市场秩序，有效提振中小投资者信心。

（四）案例金融伦理分析

由于内幕交易具有显著的隐蔽性特点，涉案人很容易失陷于金融伦理层面。在内幕信息敏感期内，周某和与张某业违背金融职业伦理，频繁通讯联系，并从张某业处得知江某公司有重组预期。周某和更是控制其本人、学生、朋友的证券账户，突击转入资金集中买入"江某公司"以谋取高额利润，周的行为显然违背三公原则。然而，违背金融伦理的行为，很容易就触及法律红线，而受到监管的严厉打击。

并购重组主体若只顾规避已经明确的法律红线，却不顾及金融伦理，由此很可能就会触及法律所规定的潜在红线。因此，市场主体要避免触及潜在法律红线，就要从金融伦理的高度严格要求自己。为证券市场的稳定发展，必须构建完善的金融伦理体系，提高行业金融伦理水平，而且，在法制建设以及监管制度设计等多方面都要考虑金融伦理层面的因素（王曙光，2011）。

参考文献

[1] 彭志,肖土盛. 上市公司并购重组与内幕交易行为研究 [J]. 证券市场导报,2018（01）：30-39.

[2] 王曙光."厚德"精神下的金融伦理问题 [A]. 北京市社会科学界联合会. 北京精神：构建精神家园　提升文化软实力——第五届北京中青年社科理论人才"百人工程"学者论坛论文集 [C]. 北京市社会科学界联合会：北京市社会科学界联合会，2011：3.

[3] 熊兰轩. 金融伦理内涵视角下对我国金融伦理建设探析 [J]. 现代经济信息,2016（17）：301-303.

[4] 杨霄. 金融与伦理的冲突及解决途径研究 [J]. 中国市场,2019（28）：30-31.

[5] 张峰铭,王玉莹. 浅析上市公司并购重组内幕交易 [J]. 中国集体经济,2013（31）：46.

[6] 张玉梅,王昌昊,王倩. 信息不对称、金融伦理缺失与民间融资高风险[J]. 征信,2019,37（4）：1-8.

案例 6

协整模型在证券分析中的应用
——以我国股指期现货价格的领先滞后关系为例

孙 洁 韩 云* 张 云

本案例以我国股指期货为例,通过分析股指期现货之间的领先滞后关系,讲解了协整模型的基本原理以及建模过程。协整模型作为多元时间序列分析中的一类重要模型,在宏观经济和金融市场分析中有广泛用途。然而其模型复杂,计量步骤多,分析方法难,学生掌握起来难度较大。因而,在讲授该模型时,适宜与金融市场实证分析相结合来进行教学,一方面能够使学生对于不同金融资产价格之间的协整关系有切身的认识,另一方面在实证分析中有利于学生掌握模型的实现步骤与实证结果的分析方法,提高学生的动手能力。

---

* 孙洁,上海立信会计金融学院,金融学院投资系讲师,上海财经大学数量经济学博士,复旦大学与中国金融期货交易所联合培养博士后,研究方向:金融计量、衍生品市场。韩云,通讯作者,经济学博士,上海立信会计金融学院,金融学院副教授,研究方向:公司金融、绿色金融与资本市场。张云,上海立信会计金融学院,金融学院教授、金融学博士、经济学博士后,研究方向:科技金融、绿色金融和数据科技等。本案例系上海市教委高校青年教师资助计划(项目编号:ZZLX21019)的研究成果。

一、协整模型

(一) 引言

协整模型(Co-integration)是多元时间序列分析的重要模型,在宏观经济时间序列分析和金融资产价格关联性分析中有着重要的应用。因此,对于金融学和金融工程等专业的高年级学生而言,掌握协整模型的应用既有助于其开展金融实证问题的研究,又能提高学生处理和分析金融数据的能力,对日后进入市场从事数据分析工作大有裨益。

然而,协整模型也是时间序列分析的难点。第一,学习协整模型需要学生掌握一定的计量经济学基础和时间序列分析的基本概念,如自回归模型和时间序列平稳性的概念。第二,构建协整模型还包含一系列较为复杂的计量步骤,包括建模之前的协整关系检验、滞后阶数的确定、模型的估计以及建模后的平稳性检验等。第三,协整模型估计结果的实证分析方法比较复杂。不同于一般计量模型关注系数的显著性,协整模型由于参数众多[①],考察单个系数的显著性意义不大,而应把关注的焦点放在分析变量的相互影响方面。因此,协整模型的实证结果分析一般采用脉冲响应和方差分解的方法来分析变量之间的相互影响。

(二) 协整关系与误差修正模型

1. 协整关系

宏观经济变量的时间序列以及金融资产价格序列往往是非平稳的,这刺激了非平稳时间序列理论的发展。Engle 和 Granger (1987) 指出两个或多个非平稳时间序列的线性组合可能是平稳的。假如这样一种平稳的或 $I(0)$ 的线性组合存在,这些非平稳(有单位根)时间序列之间被认为具有协整关系(Co-integration)。这种平稳的线性组合被称为协整方程且可被解释为变量之间的长期均衡关系。而在金融市场中由于无套利定价理论的成立,相互关联的资产的均衡价格之间的无套利关系即是一种协整关系。例如,现货价格和期货价格、两国的价格水平和它们之间的汇率、股票价格与分

[①] 协整模型包含多个估计方程,每个方程中包含多个变量的多阶滞后,因此参数较多。

红等。

2. 误差修正模型

当遇到变量非平稳的情况时，我们通常的想法是做一阶差分，然而一阶差分的方程是没有均衡解的。例如，假设 y_t 和 x_t 都是 $I(1)$ 序列，即一阶差分后即为平稳序列。一阶差分的模型为 $\Delta y_t = \alpha + \beta \Delta x_t + u_t$，但是在均衡条件下，该模型是没有意义的，因为在均衡时，$\Delta y_t = 0$，$\Delta x_t = 0$。当 y_t 和 x_t 之间存在协整关系时，可以通过在模型中加入线性组合的方法对此模型进行修正，修正后的模型为

$$\Delta y_t = \alpha + \beta_1 \Delta x_t + \beta_2 (y_{t-1} - \gamma x_{t-1}) + u_t \qquad (6-1)$$

这一模型被称为误差修正模型（Error Correction Model，ECM），其中 $y_{t-1} - \gamma x_{t-1}$ 被称为误差修正项。由于 y_t 和 x_t 是协整的，因此 $y_{t-1} - \gamma x_{t-1}$ 是平稳的，因而可以用 OLS 对此模型进行估计。

误差修正模型可以扩展到多个变量的情形。例如，变量 y_t 和 $x_{1t}, x_{2t}, \cdots, x_{kt}$ 是协整的，则通过线性回归 $y_t = \beta_1 x_{1t} + \beta_2 x_{2t} + \cdots + \beta_k x_{kt} + v_t$ 得到的误差项 u_t 为平稳序列，该回归称之为协整回归。

对于误差修正模型的估计，Engle 和 Granger（1987）提出了两阶段方法，一般称之为 Engle - Granger 两阶段法。在两阶段的第一阶段，需要首先检验变量的平稳性，确保变量都是 $I(1)$ 的，再建立协整回归，检验残差序列的平稳性，如果平稳则可以建立误差修正模型；第二阶段，即利用协整回归的残差项和变量的一阶差分建立误差修正模型 $\Delta y_t = \alpha + \beta_1 \Delta x_t + \beta_2 u_{t-1} + v_t$。

采用 Engle - Granger 两阶段法建立协整模型的优点在于方法简单，不用进行复杂的协整关系检验，且该模型能够刻画变量间的长期均衡关系。但这种方法也存在缺点，虽然它可以用于两个以上变量的长期关系建模，但当变量个数多于两个时，协整关系的个数就可能不唯一，而误差修正模型是无法刻画多个协整关系的。鉴于它在刻画两个非平稳序列的长期均衡关系时具有简单、易用的优势，下面我们将介绍如何使用误差修正模型来估计股指期现货之间的领先—滞后关系。

二、我国股指期现货价格的领先滞后关系研究

（一）期现货价格的领先—滞后关系

期货是以现货为标的的一种标准化的远期合约。如今，国际上的期货产品众多，

覆盖了农产品、能源、化工等商品期货以及股票、债券、外汇甚至比特币等金融期货。所谓标准化就是在交易所上市的标准化合约，比如沪深 300 股指期货就是在中国金融期货交易所上市交易的，它以沪深 300 指数为标的，有当月、下月、当季、下季四个合约，每种合约在交割月份的第三个星期五交割，交割方式为现金交割。例如 IF2103 合约即为在 2021 年 3 月份交割的沪深 300 股指期货合约。

期货具有套期保值的功能。在期货市场上，既可以开多头仓位也可以开空头仓位，这样无论是持有现货多头还是空头的投资者都可以通过在期货市场上进行反向开仓来进行套期保值，以管理现货价格波动的风险。投资者可以这么做的另一个原因在于期现货价格之间存在长期均衡关系，使得长期而言两者的价格是无套利空间的。一旦偏离均衡价格，就可以通过套利交易使价格重新回归到无套利区间内。

期货交易采用保证金交易的方式，交易成本比现货市场低很多。例如，沪深 300 股指期货目前的最低交易保证金为 8%。期货交易具有交易成本低，能够进行多空双向交易的优势，因而吸引了大量投资者，交易活跃、市场流动性好，市场价格对信息的反映速度快，市场效率高。在大多数情况下，期货市场价格变动是领先于现货市场价格变动的。然而，在期货市场建立初期或期货市场流动性受限的时候，也会出现现货市场的价格反应速度快，现货价格领先于期货价格的情况。因此，期现货价格的领先—滞后关系是反映期现货市场效率的一个指标。

（二）我国股指期货市场发展

在我国，商品期货市场起步较早，而金融期货市场发展较晚。到 2010 年，沪深 300 股指期货在中国金融期货交易所上市交易，我国的金融期货市场才逐渐发展起来。股指期货作为国际市场上交易活跃、发展成熟的期货产品，在对冲股票投资的系统性风险方面发挥着不可替代的作用。长期以来，我国股市都只能进行多头交易，缺乏有效的风险对冲工具。因而，股指期货一经推出就受到市场投资者的欢迎，市场交投日益活跃。2015 年 4 月，中金所又推出了上证 50 股指期货和中证 500 股指期货，特别是中证 500 股指期货针对中小盘股指，因而能够对冲中小盘股的系统性风险。

然而，2015 年年中我国股市经历了前所未有的异常波动，沪深 300 指数从前期高点直降 40%。在异常波动中，上市公司通过停牌的方式来避免股价较快下跌对公司的不利影响。A 股市场自 6 月起出现大面积停牌，截至 7 月 8 日，上市公司累计停牌超过 1400 家，7 月 7 日至 13 日，中证 500 指数的成分股每天都有超过 100 家停牌。股票市场的停板和停牌造成流动性的严重缺乏，投资者只能在流动性较好的股指期货市场卖出期货进行套期保值，这样就进一步加深了股指期货与现货之间的负基差。股指期货作为我国市场上最主要的避险工具，在市场急跌阶段发挥了对冲风险的功能。但承压过重，以中证500股指期货为例，它承担了2400多只中小盘股票的避险需求，巨大的抛压造成了期指的连续下跌甚至跌停，产生了很大的负基差。2015年7、8月份，沪深300股指期货触及涨跌停板的天数达7天，上证50股指期货触及涨跌停板的天数达6天，中证500股指期货触及涨跌停板天数达11天。

为了维护期现货市场的平稳运行，中金所陆续采取了提高保证金和手续费、限制开仓等一系列交易限制措施。至2016年9月2日，交易所发布措施规定"股指期货客户在单个产品、单日开仓交易量超过10手的构成'日内开仓交易量较大'的异常交易行为"。至此股指期货市场交易进入冷冻阶段。

2010～2020年沪深300股指期货成交量、持仓量如图6-1所示。

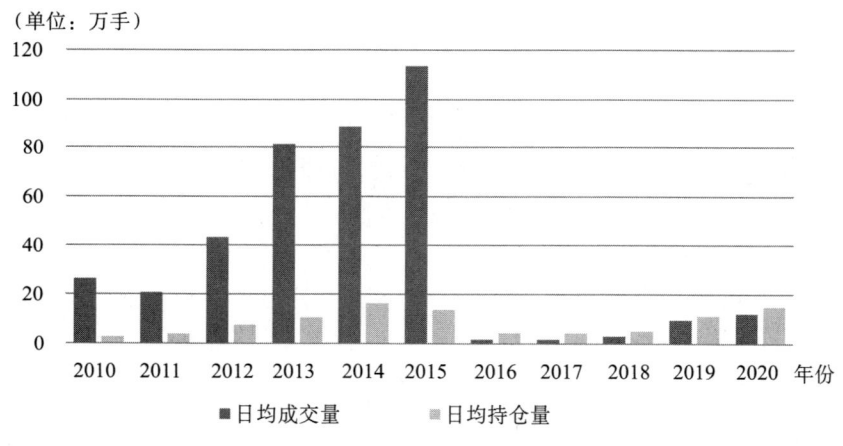

图6-1 沪深300股指期货成交量、持仓量

资料来源：Wind 中国金融期货交易所。

（三）沪深300股指期现货价格领先—滞后关系的实证研究

均衡时股指期现货价格之间存在无套利关系，两者之间因此存在协整关系。下面我们以沪深300股指期货为研究对象，运用误差修正模型来研究股指期现货价格之间的领先—滞后关系。

1. 股指期现货价格的协整关系

根据存货成本理论，股指期货的均衡价格为

$$F_t^* = S_t e^{(r-d)(T-t)} \tag{6-2}$$

其中，F_t^* 为股指期货的均衡价格，S_t 为指数价格，r 为无风险利率，d 为股息率，$T-t$ 为到期时间。对（6-2）式两侧同时取对数，得到

$$f_t^* = s_t + (r-d)(T-t) \tag{6-3}$$

其中，f_t^* 和 s_t 分别为股指期现货的对数价格。由此可见，均衡时股指期现货的对数价格之间存在稳定的线性关系，即存在协整关系。那么，我们就可以利用协整模型对其来进行研究。

2. 运用误差修正模型研究股指期现货价格的领先—滞后关系

数据采用沪深 300 指数和股指期货主力合约①从 2010 年 4 月 16 日 ~ 2020 年 12 月 31 日的日收盘价。图 6-2 描绘了沪深 300 股指期货主力合约与指数的日收盘价以及基差率②。可以看出期现货价格之间存在紧密的联动关系。

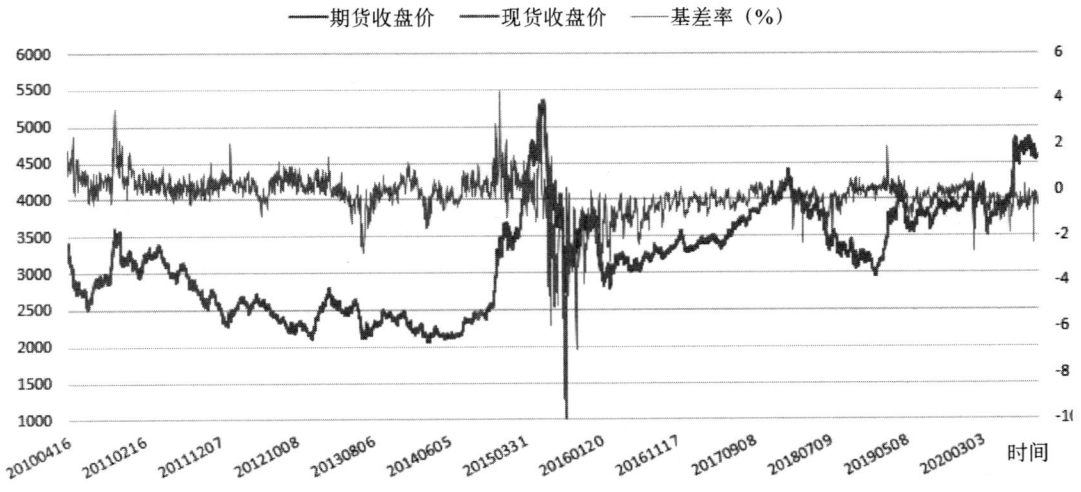

图 6-2　沪深 300 股指期货主力合约与指数收盘价以及基差率

首先，我们利用计量软件 Stata 对对数价格和它的一阶差分（也就是对数收益率）进行平稳性检验。表 6-1 报告了平稳性检验的结果，可见 IF 和指数的收盘价和对数价格都是非平稳序列，而对数收益率为平稳序列，这表明股指期货和指数的对数价格为一阶单整序列，可以运用 Engle - Granger 两步法来建立误差修正模型。

---

① 主力合约为每日成交量最大的合约。
② 基差率 =（期货价格 - 现货价格）/现货价格 × 100%。

表 6–1　　　　　　　　　　ADF 检验结果

	IF	HS300
收盘价	-1.228	-0.717
对数收盘价	0.166	-0.921
对数收益率	-10.974***	-9.947***

注：表中数字为 ADF 检验统计量的值，*** 代表在 1% 的显著性水平下显著。

接着我们构建期货对数价格 f_t 和现货对数价格 s_t 之间的协整回归，

$$s_t = \gamma_0 + \gamma_1 f_t + z_t \tag{6-4}$$

其中，z_t 为误差项。估计此协整回归，得到残差序列 $\hat{z}_t$ 检验其平稳性。表 6–2 报告了协整回归的估计结果和残差项的平稳性检验结果。结果显示，协整回归的系数均在 1% 的显著性水平下显著，且对 $\hat{z}_t$ 进行 ADF 检验，其检验统计量也在 1% 的显著性水平下显著，说明 $\hat{z}_t$ 是平稳序列。

表 6–2　　　　　　协整回归估计结果及残差项平稳性检验结果

协整回归估计结果	
系数	估计值
γ_0	-0.038***
γ_1	1.005***
残差项平稳性检验结果	
ADF 检验统计量值	-11.490***

接下来我们利用股指期货与指数的对数收益率以及协整回归的误差项构建误差修正模型。式（6–5）建立的模型用来检验期货价格变动是否会影响现货价格变动。

$$\Delta s_t = \omega_1 + \alpha_1 \Delta s_{t-1} + \beta_1 \Delta f_{t-1} + \delta_1 \hat{z}_{t-1} + v_{1t} \tag{6-5}$$

这里关注的是 Δf_{t-1} 前面的系数 β_1，如果 β_1 的估计结果显著则表明期货价格变动会影响现货价格的变动。表 6–3 汇报了上述回归的估计结果，α_1 的估计值为 -0.292 且在 1% 的显著性水平下显著，表明滞后一日的指数价格对自身有显著的负反馈作用，而 β_1 的估计值为 0.303 且在 1% 的显著性水平下显著，表明滞后一日的期货价格对指数价格有显著的正向影响；δ_1 可以看作期现货价格差异对指数价格的影响，估计结果为 -3.222，表明若前一日指数价格高于期货价格，则当日指数价格要下行，但这一影响在长期来看并不显著。

表 6-3　　　　　　检验期货价格对现货价格影响的 ECM 模型估计结果

系数	估计值
ω_1	0.019
α_1	-0.292***
β_1	0.303***
δ_1	-3.222
R^2	0.017

下面我们接着运用误差修正模型分析指数价格变动对期货价格的影响。构建如下误差修正模型：

$$\Delta f_t = \omega_2 + \alpha_2 \Delta s_{t-1} + \beta_2 \Delta f_{t-1} + \delta_2 \dot{z}_{t-1} + v_{2t} \quad (6-6)$$

表 6-4 汇报了上述回归的估计结果，其中 α_2 和 β_2 的估计结果均显著，α_2 为 -0.186 表明前一日指数价格对股指期货价格有显著的负向影响，β_2 为 0.172 表明前一日的股指期货价格对自身有显著的正向影响。值得注意的是，在此回归中 δ_2 显著为正，表明若前一日指数价格高于期货价格，则当日期货价格会上涨。

表 6-4　　　　　　检验期货价格对现货价格影响的 ECM 模型估计结果

系数	估计值
ω_2	0.019
α_2	-0.186***
β_2	0.172***
δ_2	12.450***
R^2	0.007

综上所述，我们采用误差修正模型研究了沪深 300 股指期现价格之间的领先—滞后关系，实证结果表明股指期现货价格之间存在双向影响，且期货价格对指数价格存在显著正向影响，而指数价格对期货价格存在显著负向影响。这一结果是针对股指期货上市以来至 2020 年年底的数据区间得出的。而在整个阶段股指期货市场经历了平稳运行时期、异常波动时期、交易受限时期以及逐步恢复时期，故可以鼓励学生开展进一步的思考和探索，对不同阶段股指期现货之间的领先滞后关系展开探索，巩固对协整关系的认识和误差修正模型的运用。

三、总结与思考

协整模型作为多元时间序列分析中的一类重要模型，在宏观经济和金融市场分析中有广泛用途。然而其模型复杂，计量步骤多，分析方法难，学生掌握起来难度较大。因而，在讲授该模型时，适宜与金融市场实证分析相结合来进行教学，一方面能够使学生对于不同金融资产价格之间的协整关系有切身的认识，另一方面在实证分析中有利于学生掌握模型的实现步骤与实证结果的分析方法，提高学生的动手能力。在实际教学中，我们通过计量软件来实现数据处理、模型建立和计量分析，这样能够帮助学生掌握一种或几种计量软件基本应用，有助于提高学生的数据分析能力和编程能力。

更加重要的是，作为金融学科的学生，仅仅掌握课本上的理论知识是不够的。特别是应用型本科专业的学生，必须要加深对金融市场的实际认识。这种认识可以是实务操作，这要从实践中来认识；也可以是数据分析，从数据中认识金融资产价格、波动性、量价关系等金融市场规律。所以，我们要培养学生处理金融市场数据、分析金融市场数据甚至挖掘数据的能力，形成对金融市场的深入和独到理解。这样，我们的学生在步入社会或继续深造时就会有一定的优势和竞争力。所以，作为金融学科的专业教师，我们应积极地将市场实践和市场动态融入教学当中来，加深学生对金融市场的认识；作为金融计量方向的教师，采用金融实证分析的案例开展教学，对于学生掌握并运用金融计量的理论方法开展实际的金融数据分析是十分必要的，也是十分有益的。

参考文献

[1] Engle R F, Granger C W J. Cointegration And Error-Correction: Representation, Estimation And Testing [J]. Econometrica, 1987, 55 (2): 251-276.

[2] 布鲁克斯. 金融计量经济学导论 [M]. 西南财经大学出版社, 2005.

[3] 陈强. 计量经济学及 Stata 应用 [M]. 高等教育出版社, 2015.

[4] 高铁梅. 计量经济分析方法与建模 [M]. 清华大学出版社, 2009.

案例 7

产业资本投资与企业研发创新融合的案例分析
——法国 SGB 集团的创新投资

孙文华[*]

本案例收集了法国 SGB1999~2019 年的历史数据,整理后进行数据分析,研究法国 SGB 的产业投资、研发投入与每股收益及公司营业利润的关系,通过数据分析发现法国 SGB 的"创新"并不仅仅依赖于公司本身的研发团队,而是依赖于通过产业资本投资收购业内新技术新企业,以此形成产业资本投资促进企业研发创新的一种手段。

---

[*] 孙文华,管理学博士,上海立信会计金融学院,金融学院,高级经济师,研究方向:特色小镇投资、乡村投资、乡村金融、产业金融。

一、相关专业知识

(一) 产业资本

产业资本是指在资本的循环运动中,依次采取货币资本、生产资本和商品资本形式,接着又放弃这些形式,并在每一种形式中完成着相应职能的资本。

(二) 战略投资

战略性投资是指对企业未来产生长期影响的资本支出,具有规模大、周期长、基于企业发展的长期目标、分阶段等特征,影响着企业的前途和命运的投资。即对企业全局有重大影响的投资。

(三) 研发投入比

研发投入比是运用投入产出分析法对研发活动进行的数据化效益分析方法。研发投入比,从短期来看,可以视为研发投入成本占当期产出的比例,用以衡量研发成本在当期对经营成本比重的影响。从长期来看,研发投入比,可以视为该项新产品研发过程中所产生的成本额占该产品在生命周期类所有的销售收入的比例,用以衡量产品的运作业绩。

当期研发投入比 = 研发成本/当月产值 ×100%

长期研发投入比 = 研发成本/产品销售总收入 ×100%

(四) 研发机构

企业研发机构是指在区内设立的独立或非独立的具有自主研发能力的技术创新组织载体。企业研发机构是企业技术创新的基础平台,是全面提高自主创新能力的中坚力量。

(五) 技术壁垒

技术壁垒是指科学技术上的关卡,即指国家或地区政府对产品制定的(科学技术范畴内的)技术标准,如产品的规格、质量、技术指标等。

二、案例介绍

法国SGB成立于1665年,由法国路易十四时代的大臣Colbert先生创办。起初,SGB定位为皇家玻璃加工厂,刚刚组建便承接了凡尔赛宫的玻璃画廊,之后又为法国卢浮宫广场前的金字塔提供660块形状各异的玻璃。

经过几个世纪的苦心经营,SGB由最初的玻璃加工厂茁壮成长为世界材料供应商,跻身世界500强,2019年排名为第226名。2019年,公司营业收入493亿美元,利润4.95亿美元,总资产503.4亿美元[①]。

SGB于1857年进军德国,1904年进军西班牙,1967年进军美国,1985年进入中国,并为上海大剧院提供了优质玻璃。现在SGB为50%的欧洲轿车提供安全玻璃,为美国五分之一的房屋提供隔音保温材料,每年生产300亿只玻璃瓶用于包装食品、酒、香水及药品,为世界上80个首都及100多个城市提供过饮配水管道系统,在欧洲设有2600多个建材分销店,所有这些使它成为世界工业集团百强之一。

2018年,SGB再次被Clarivate Analytics评为全球百强创新企业之一。SGB的创新由3700多名研发人员组成的研发团队、全球8大跨业务部研发中心、近百个开发机构及雄厚的资金所支持。2017年,SGB在研发领域的投入达到4.46亿欧元。SGB拥有巨大的创新资源,目前有近900个正在进行中的研发项目,每年推出大量的新产品,1/4的在售产品过去5年是不存在的。与此同时,SGB每年在全球申报的专利数量约400项,不断巩固在相关市场的首席地位[②]。

SGB的创新动力及创新源不仅来自自身的研发团队,SGB于2006年组建的NOVA对外风险投资部门为SGB的创新及技术壁垒起到了重要作用。SGB官网资料显示,NOVA对外风险投资部门是SGB集团负责寻找、分析初创企业的专项团队。自2006年建立以来,NOVA已分析3000多家初创企业,签订逾70项合作协议。有多种合作方式,包括:共同开发、知识产权转让、共同制造、商业化协议、投资及合资并购等。每隔两年,NOVA会举办NOVA全球创业创新大赛[③]。

---

① 资料来源:http://www.fortunechina.com/global500/102/2019。
② 资料来源:https://www.saint-gobain.com.cn/node/3378。
③ 资料来源:https://www.saint-gobain.com.cn/node/1588。

SGB 1985 年进入中国市场，至今在华已设立 1 家研发中心和近 40 家生产基地，拥有 6600 名员工，2019 年营业额近 100 亿元。从整个集团运营规模来看，其在中国的业绩增长是前三位的，2018 年和 2019 年营业额达到 10% 的增长。

三、案例分析

（一）理念与创新力

理念是动力，是生产力。SGB 刚成立时是利用创办人作为路易十四大臣的身份接到了玻璃加工业务。后期，SGB 从资源导向转向创新导向。从法国走向世界其他国家，靠的是创新。

早在 2003 年，SGB（中国）投资公司的总经理 Laigroz 先生认为："新一轮的国际竞争已经从生产与销售环节向整体供应链过渡，谁能建立起最强大的供应链体系并施以最流畅的管理，谁就会在竞争中建立起自己的优势"。

2020 年，SGB 集团高级副总裁兼亚太区首席执行官孟昊文强调，"SGB 经历了 355 年的企业历史，靠的是创新！效率的提高源于技术的进步，而技术进步离不开创新的生态体系"，集团每年申请 400 多项专利，从而加强了在各个市场的技术领先地位。同时，强化专利保护机制，保护创新成果和创新积极性。

（二）SGB 集团创新投入分析

根据 SGB 集团的历年财报（1999～2019 年），公司的净销售额稳定在 400 亿欧元左右，如图 7-1 所示，公司业绩稳定。通过研究发现，SGB 的员工人数和销售额有强相关关系，说明公司员工人数会根据业务收入的变化而进行裁员或增加。但研发部门员工数量基本保持不变，说明该公司确实把"研发"作为核心部门。

通过数据整理分析，形成主要财务数据如表 7-1 所示，其中 2017 年、2018 年、2019 年三年的数据不全，故未纳入表内。

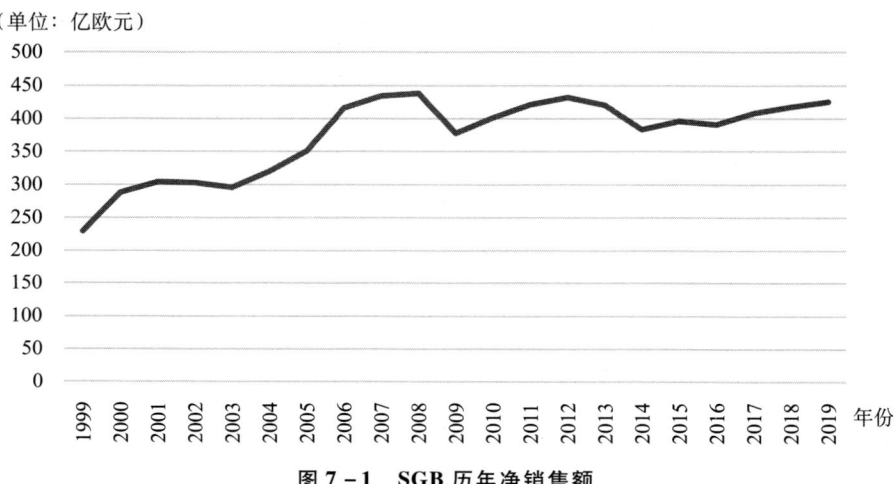

图 7-1　SGB 历年净销售额

表 7-1　　　　　　　　　SGB 历年主要财务数据（1999～2016 年）　　　　　　　单位：亿欧元

	净销售额	营业利润	总投资支出	经常性净收益	股东权益	净负债	持有股本收益
1999 年	229.52	23.14	34.79	8.83	111.51	63.06	12.26
2000 年	288.15	26.93	46.94	10.26	117.24	82.17	15.17
2001 年	303.9	26.81	22.46	10.57	123.48	77.92	11.34
2002 年	302.74	25.82	20.61	10.51	115.42	70.12	10.40
2003 年	295.9	24.42	19.11	10.2	113.1	56.57	10.39
2004 年	320.25	26.32	21.94	11.22	118.06	55.66	10.83
2005 年	351.1	28.6	87.47	12.84	123.18	62.18	12.64
2006 年	415.96	37.14	27.75	17.02	144.87	128.5	16.37
2007 年	434.21	41.08	32.38	21.14	152.67	115.99	14.87
2008 年	438	36.49	45.07	19.14	145.3	99.28	13.78
2009 年	377.86	2.41	14.53	6.17	162.14	116.79	2.02
2010 年	401.19	12.13	15.8	13.35	182.32	85.54	11.29
2011 年	421.16	34.41	26.38	17.36	182.18	80.95	12.84
2012 年	431.98	28.81	21.27	11.26	178.51	84.9	7.66
2013 年	420.25	27.64	14.54	10.27	178.7	75.21	5.95
2014 年	383.49	27.97	14.54	9.73	180.13	72.21	9.53
2015 年	396.23	26.36	15.73	11.65	189.56	47.97	12.95
2016 年	390.93	28.18	13.7	13.98	187.65	56.44	13.11

为研究资本性支出与企业创新之间的关系，通过 SPSS 软件进行主要财务数据的相关性分析，如表 7-2 所示。发现资本性支出与其他指标相关性弱，而母公司持股收益与营业利润及固定收益强相关且显著性都小于 0.05。其中，营业利润与固定收益持股

收益有强相关；权益与销售收入强相关。显然，资本性支出虽然与销售收入等其他指标缺乏线性相关性，但是，资本性支出是母公司持股收益的重要来源，而母公司持股收益与营业利润及固定收益有强相关关系，显然，资本性支出即总投资对于 SGB 集团稳定收益来源有着重要的作用。

表 7-2　　　　　　　　　　　　主要财务指标的相关性分析

		Sales	Investment	Profits	EPS	Fixed Income	Asset	Stockshare	Debt
Sales	Pearson 相关性	1	-0.150	0.295	-0.742**	0.591**	0.782**	-0.035	0.464
	显著性（双侧）		0.552	0.234	0.000	0.010	0.000	0.889	0.052
	N	18	18	18	18	18	18	18	18
Investment	Pearson 相关性	-0.150	1	0.291	0.261	0.243	-0.459	0.405	0.011
	显著性（双侧）	0.552		0.241	0.296	0.331	0.055	0.095	0.965
	N	18	18	18	18	18	18	18	18
Profits	Pearson 相关性	0.295	0.291	1	0.062	0.747**	-0.047	0.691**	0.093
	显著性（双侧）	0.234	0.241		0.807	0.000	0.853	0.001	0.714
	N	18	18	18	18	18	18	18	18
EPS	Pearson 相关性	-0.742**	0.261	0.062	1	-0.208	-0.677**	0.364	-0.098
	显著性（双侧）	0.000	0.296	0.807		0.407	0.002	0.137	0.697
	N	18	18	18	18	18	18	18	18
Fixed Income	Pearson 相关性	0.591**	0.243	0.747**	-0.208	1	0.185	0.667**	0.407
	显著性（双侧）	0.010	0.331	0.000	0.407		0.461	0.002	0.094
	N	18	18	18	18	18	18	18	18
Asset	Pearson 相关性	0.782**	-0.459	-0.047	-0.677**	0.185	1	-0.220	0.096
	显著性（双侧）	0.000	0.055	0.853	0.002	0.461		0.380	0.704
	N	18	18	18	18	18	18	18	18
Stockshare	Pearson 相关性	-0.035	0.405	0.691**	0.364	0.667**	-0.220	1	0.013
	显著性（双侧）	0.889	0.095	0.001	0.137	0.002	0.380		0.958
	N	18	18	18	18	18	18	18	18
Debt	Pearson 相关性	0.464	0.011	0.093	-0.098	0.407	0.096	0.013	1
	显著性（双侧）	0.052	0.965	0.714	0.697	0.094	0.704	0.958	
	N	18	18	18	18	18	18	18	18

注：** 在 0.01 水平（双侧）上显著相关。

但是我们也从中可以发现，SGB 虽然一直强调"创新"，但他们的研发费用占销售收入的比重并不高。在 1999~2019 年财报中，仅在 2012 年和 2013 年财报中提到研发费用，2012 年整个集团的研发费用为 4.79 亿欧元，2013 年研发费用为 4.3 亿欧元，而这两年的研发费用占年度销售额的比例仅为0.98%和1.27%。远低于国际巨头的研发费用占比5%的水平。

根据2012年、2013年财报描述，SGB集团2012年研发项目850项、2013年研发项目900项，共3700名研发员工参与，有7个研发中心为集团服务，另有12个研发中心致力于特定业务，每年申报专利400项。2004~2006年集团每年仅有200项的专利申报，显然，2006年成立了NOVA对外风险投资部门对研发中心的专利申请有帮助。而根据官网信息，2017年SGB的研发投入为4.46亿欧元，仍然是3700名研发人员，研发项目900项，每年的专利申报数约为400项。

由此可以推断，SGB的研发费用、研发人员是相对稳定的，研发费用固定在5亿欧元以内，研发人员3700人。通过以上分析，SGB在创新投入方面已经形成了体系。其基本框架可以总结如图7-2所示。

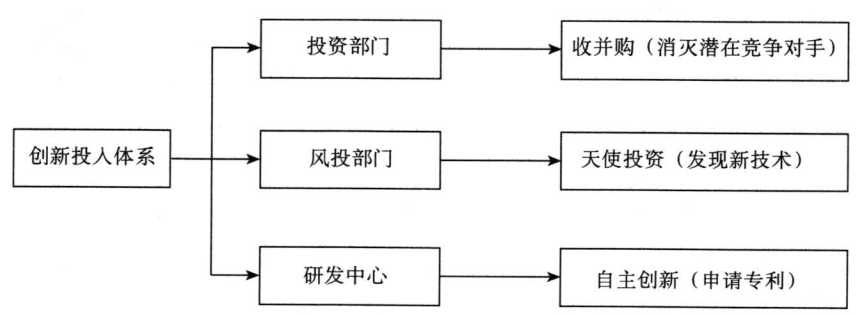

图7-2　SGB产业资本内部创新组织体系

SGB集团是一家拥有355年历史的长寿企业，其成功不可能是偶然的，2017年公司的投资总额（资本性支出）大约为16亿欧元，主要用于西欧以外的开支增长及生产效率和数字化转型。显然，通过投资收并购，主要目的是消灭潜在竞争对手，对同行业的中小企业实施收并购。其次，2006年成立的Nova对外投资风险部门每两年举办一次全球的创新大赛，通过大赛发现行业内最好的、最新的技术，采用风险投资的方式将技术收入囊中。

而研发中心作为圣戈班的嫡系研发队伍，可以通过成果转化或在充分吸引外部技术的基础上，不断地拓展创新源头，创造新的专利。

根据2009年财报显示，圣戈班三大战略业务包括创新材料部、建筑产品部、建材分销部。创新材料部门是由平板玻璃和高性能材料部门组成，承担着公司研发总量的65%，其业务收入占比为23%。

(三) 创新生态体系分析

以中国传统文化的思维来分析的话，SGB 的创新生态体系也可以从"阴、阳"两个角度来分析，如图 7-3 所示，"太阳"，SGB 集团是世界五百强，以全球化技术"创新"为核心，每两年举办一次全球行业创新大赛，和大学合作举办大学生创新大赛。"太阴"，SGB 集团是在借助资本力量，通过风险投资形成权益关系，或通过收并购、分拆等资本手段形成技术创新的垄断，筑牢该集团在行业中的龙头地位。其创新生态体系为两个部分服务，一是集团核心业务，目前有 7 个研发中心；二是专业业务，目前有 12 个研发中心。

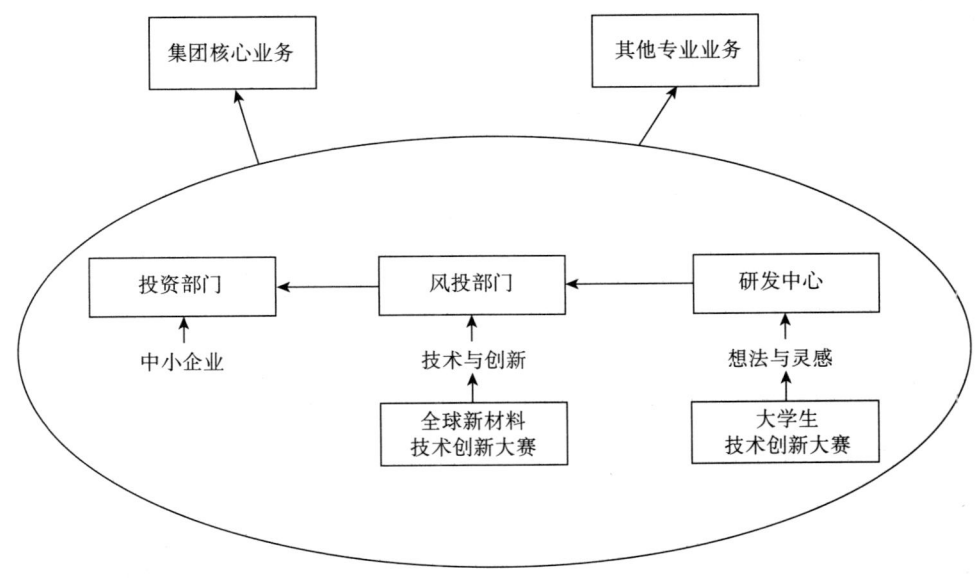

图 7-3　SGB 资本创新生态体系

SGB 集团的创新体系是一个闭环，通过研发中心、风投部门和投资部门形成主导力量。一是通过大学生技术创新大赛选拔人才或寻找创新的灵感；二是通过全球新材料技术创新大赛获取世界各地最前沿的技术信息和收并购对象，而投资部门则是资本创新的最重要手段。

SGB 与很多学校推动校企合作，推行"六赢合作"。实施过程中，通过 SGB、经销商、终端客户、学校、教师以及学生的六方合作，让经销商和终端用户学习到完整的产品技术理论结合实际操作技巧；让校园里的教师和学生们能了解到最新的技术发展和创新产品，了解行业发展趋势并储备人才；同时，在校园和行业领域进一步提高

SGB 品牌的知名度和影响力。

（四）从产业资本收并购的角度分析

在整个公司运营中，投资扮演着至关重要的角色，以中国为例，至 2014 年，SGB 在中国境内的北京、上海、广州、成都、青岛、南京等 22 座城市进行了投资，共计拥有 39 家工业企业、8 家商业公司、1 家投资公司、1 家管理公司和 1 个研发中心以及 11700 余员工。

2017 年，SGB 高性能耐火材料事业部成功收购 3D 打印和挤出成型碳化硅陶瓷零部件创新制造商 Spin-Works International Corporation，后者的碳化硅陶瓷零部件能帮助客户在广泛的高温工业过程中提高能源利用效率、进行余热回收和减少排放。Spin-Works 位于美国宾夕法尼亚州东北部（伊利附近），拥有员工近 20 名。SGB 高性能耐火材料事业部副总裁 Laurent Tellier 表示："收购 Spin-Works 进一步扩大了公司在陶瓷工业燃烧器和热回收市场的能力，有助于我们的客户进一步提高工艺可持续性，尤其是在钢铁和汽车行业"[①]。这类收并购项目在 SGB 集团的年度财报里体现的是资本性支出，虽然 Spin-Works 是一家 20 名员工的小企业，但 SGB 集团收购的意图是在该公司的工艺技术。

按并购的动机，并购可以分为产业并购和财务并购，产业并购是为了获取并购资产或技术带来的协同效应形成新的价值创造。财务并购是通过并购价值被低估的标的物而实现套利。

产业整合的目的可以通过规模经济理论来解释。目的是为了获取规模效应，企业并购可以获得企业所需要的产权及资产，实行一体化经营，获得规模效益。SGB 集团在实施产业并购的同时，也通过资产分拆的方式出售资本以获取资产套利。

产业资本通过并购占有战略性资产可以用竞争优势理论来解释。外部的竞争压力使得并购方在竞争中通过消除或控制对方来提高自身的竞争实力。SGB 在行业发展过程中不断发现潜在的竞争力量，在对手尚不具备抗击还手的状态下实施战略性收并购，更是形成了行业的技术壁垒。

（五）从资产收益的角度分析

产业资本和金融资本不同，金融资本要求收益的增长率，产业资本需要的是稳定

---

① 资料来源：https://www.mrcjcn.com/n/250530.html。

的收益。从资产收益的角度，SGB集团的产业资本在创新方面取得了两个方面的收益稳定。一是每股收益的稳定。可以看到SGB从2003年以来每股收益一直保持在3欧元左右，见图7-4。

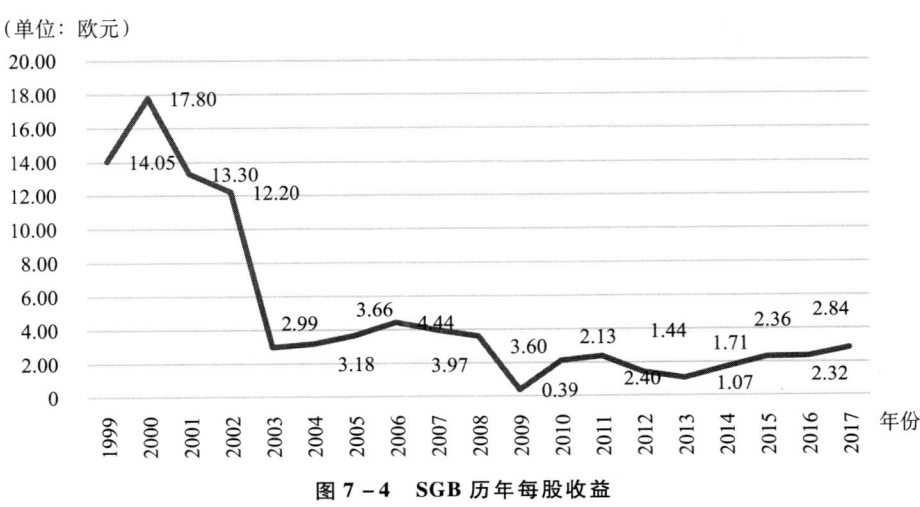

图7-4 SGB历年每股收益

通过SGB母公司持股收益与公司营业利润的比例分析，可以发现持股收益利润比非常稳定，除了2009年、2010年达到83.82%及93.08%，2012年、2013年降至26.59%及21.53%外，其他十几年一直保持在50%左右（见图7-5）。而2008年是美国次贷危机引起的世界经济下行，SGB在2009~2010年的持股收益可以理解为多元化的投资组合降低了企业面临经济大环境不利时所带来的风险。

因而SGB集团在每年的财报中，始终将集团业务分为三大核心业务板块和其他业务板块两类。这也是SGB在多年大海航行中形成并积累的行业经验。

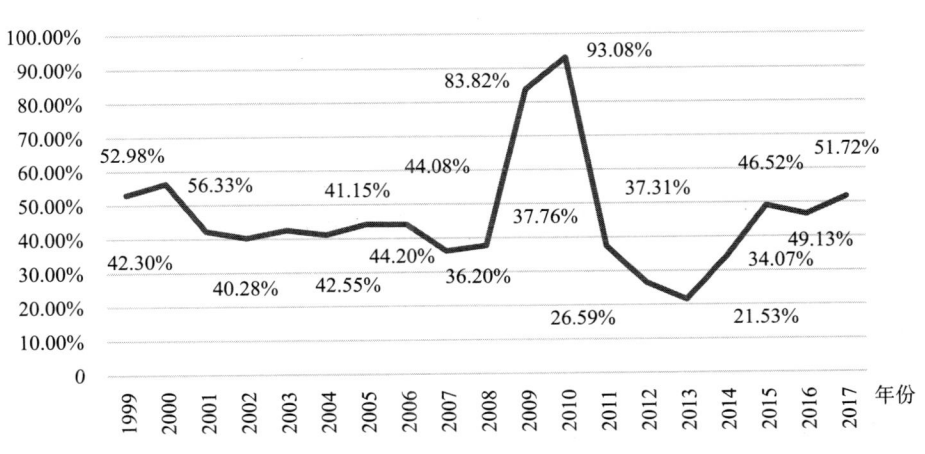

图7-5 SGB历年持股收益占营业利润百分比

参考文献

[1] 何燕. 自由程度 [J]. 国外建材科技. 2003 (6), 4-7.

[2] 李莉. 圣戈班：长寿企业的秘诀——访圣戈班集团高级副总裁兼亚太区首席执行官孟昊文. 经济, 2020 (5), 76-79.

[3] 张明生. 中外汽车企业研发费用比较分析 [J]. 上海汽车, 2013 (8), 30-42.

[4] 秦子川译. 圣戈班集团2017年年度报告 [R]. 建筑玻璃与工业玻璃, 2018 (8).

[5] 黄晓研译. 圣戈班集团2009年年度报告 [R]. 建筑玻璃与工业玻璃, 2010 (10).

[6] 倡导"六赢合作"，圣戈班校企合作助力后市场业务发展 [J]. 汽车与驾驶维修, 2019 (10).

[7] 李跻嵘, 艾亚. 圣戈班：成熟跨国管理经验造就建材百年老店 [J]. 国际融资, 2014 (6), 8-12.

[8] 秦子川译. 圣戈班集团2019年年度业绩报告 [R]. 建筑玻璃与工业玻璃, 2020 (5).

[9] 秦子川译. 圣戈班集团2018年年度业绩报告 [R]. 建筑玻璃与工业玻璃, 2019 (5).

[10] 黄晓研译. 圣戈班集团2016年年度报告 [R]. 建筑玻璃与工业玻璃, 2017 (10).

[11] 黄晓研译. 圣戈班集团2015年年报 [R]. 建筑玻璃与工业玻璃, 2016 (7).

[12] 黄晓研译. 圣戈班集团2014年业绩运行 [J]. 建筑玻璃与工业玻璃, 2015 (9).

[13] 黄晓研译. 圣戈班集团2013年年报 [R]. 建筑玻璃与工业玻璃, 2014 (8).

[14] 黄晓研译. 圣戈班集团2012年年报 [R]. 建筑玻璃与工业玻璃, 2013 (8).

[15] 黄晓研译.圣戈班集团 2011 年年报 [R].建筑玻璃与工业玻璃,2012(9).

[16] 黄晓研译.圣戈班集团 2010 年年报 [R].建筑玻璃与工业玻璃,2011(10).

[17] 黄晓研译.圣戈班集团 2008 年年报 [R].建筑玻璃与工业玻璃,2009(12).

案例 8

上海市长期护理保险试点实践模式
——DNL 街道案例分析

田 原 储阳阳[*]

在人口老龄化背景下,长期护理保险制度的试点和推广可以为社会和居民养老问题提供优质保障,"十四五"期间,我国力争推动建立健全多层次长期护理保障制度。本案例分析在对上海 DNL 街道社区长护险试点实地调研的基础上,总结案例的优势与不足,最后针对核心的筹资模式问题进行分析。

---

[*] 田原,女,第一作者,辽宁盘锦人,上海立信会计金融学院,金融学院讲师,博士,研究方向:绿色金融与产业经济。储阳阳,男,通讯作者,上海人,上海立信会计金融学院,金融学院学生。本案例系 2019 年度上海市教委高校青年教师资助计划(项目编号:AW-12-2204-00134)的研究成果。

2016年6月，人力资源和社会保障部办公厅发布《关于开展长期护理保险制度试点的指导意见》（人力资源和社会保障部，2016），选择15个试点城市和两个重点联系省份，正式启动首批长期护理保险（简称长护险）制度试点工作。长期护理保险是针对因年老、疾病、伤残所导致生活不能自理，需要在家中或是养老院进行专人照护的失能老人群体。长护险也被称做社保"第六险"，侧重于对被保人即失能老年人群体提供照护服务和资金保障。

2020年9月，国家医疗保障局和财政部发布《关于扩大长期护理保险制度试点的指导意见》，在原试点城市基础上，启动第二批长护险城市试点方案（14个），拟进一步深入推进长护险制度试点工作，力争在"十四五"期间基本形成长护险制度政策框架。在此背景下，本案例分析在对上海DNL街道社区长护险试点实地调研的基础上，总结案例的优势与不足，最后针对核心的筹资模式问题进行分析，希冀为长护险制度扩大试点及全面实施提供一定的参考依据。

一、上海 DNL 街道试点案例

（一）参保对象和评估标准

1. 参保对象

从2018年上海市实行长期护理保险方案以来，作为第一批试点街道，DNL街道严格按照上海市长护险评估标准执行。基本参保条件为：上海户籍60岁以上的医保参保人；同时必须通过老年人统一需求评估，护理需求达到照护等级2~6级的老人。

2. 评估标准

上海市DNL街道在整合现行的上海市老年人照顾等级评估、上海市高龄老人医疗护理服务需求评估以及上海市老年护理医院出入标准的基础上，采用分类拟合工具（线性判断法和支持向量机法）。将评估标准系统分为两大类：照护评估结果和认知障碍评估结果。

对于照护评估，分为自理能力维度和疾病轻重维度，两个分级维度评定标准权重如表8-1、表8-2所示。

表 8-1　　　　　　　　　自理能力维度评定要素权重

分级维度	日常活动能力	工具性活动能力	认知能力
自理能力维度	65%	10%	25%

表 8-2　　　　　　　　　疾病轻重维度评定要素权重

分级维度	局部症状	体征	辅助检查	并发症
疾病轻重维度	30%	30%	30%	10%

照护评估等级由上述表中两个维度的得分值决定，分值范围为 0~100 分，分值越高代表该老人所需的照护等级越高。由轻到重依次为：正常，照护一级二级直至最高的照护六级，对于照护五至六级的失能老人街道评估人员还会给予医疗机构就诊建议书。

对于认知障碍评估，由专门的认知调查表分数决定，分值范围为 0~100 分，分值越高代表该老人认知等级越高。由轻到重分为：认知轻度/正常，认知中度，认知重度。最终 DNL 街道按照照护评估结果和认知障碍评估结果，评定长期护理保险名单，并且根据分值高低安排特定保险方案以及护理时长（孙鹃娟和高秀文，2020）。

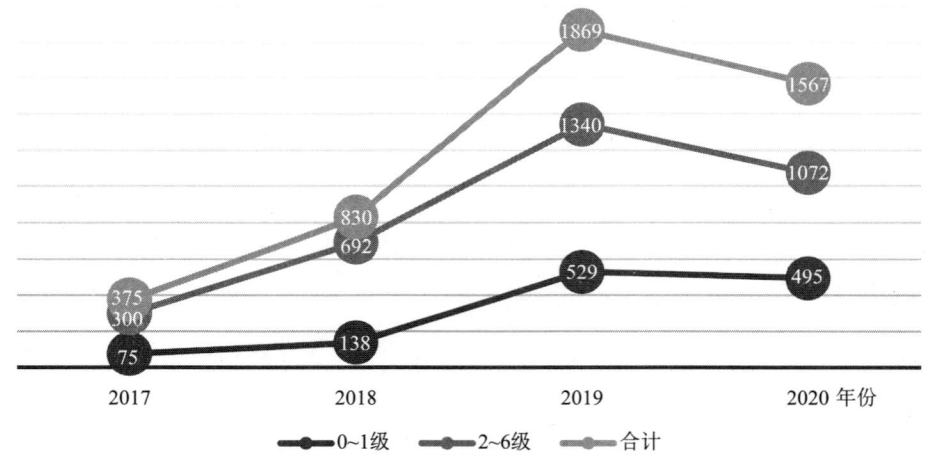

图 8-1　DNL 街道长期护理保险新增服务人数（2017~2020 年）

资料来源：本图数据来源于上海市 DNL 街道内部资料。

DNL 街道从 2016 年 11 月开始实行上文中的分级评估制，从图中我们不难看出目前在 DNL 街道长期护理保险需求量节节攀高，从 2018 年开始每年新增人数超过 1000 人，特别是 2018~2019 年长护险新增老人翻了一番。到目前为止 0~1 级合计 1237

人,2~6 级合计 3410 人,总计 4647 人。

(二) 筹资模式分析

按照制度财务筹资模式可分为完全累积制、现收现付制和部分累积制。由于长期护理保险的特殊性,即服务对象是失能老人,完全累积制和部分累积制,无法满足当前养老需求。因此在这点上目前上海试点地区还是参考日本的长期介护保险所用的现收现付制。

由于现收现付制以货币实际收付的时间作为核算的标准,因此在长期护理保险中具有如下优势:

(1) 具有及时性。无论是来自政府、社会还是个人的资金都可以第一时间转化为服务资源,确保长护险服务阶段和资金环节不会断裂。这对于老年人养老这一特殊领域尤为重要。

(2) 具有稳定性。由于现收现付制并不注重于金额大小、收益时间和确定时间,而是根据款项支付的时间来计入当期的成本和收益。因此可以有效地对抗随着时间引发的物价和收入的波动,减小外界对于长期护理保险资金的冲击,从而应对养老金贬值的风险。

(3) 凸显养老领域共济性和福利性。现收现付制融资模式的收入再分配功能有利于实现社会公平性。当筹资与需求出现缺口时,可以通过调节在职人员收入征收比从而快速提升社会筹资力度。

如今长期护理保险在主要试点城市中还是从居民职工医保中入手,对于居民医保结构进行重新比例划分、对基本医保统筹基金历年节余中划拨、调剂医保中保费征收率等途径筹集资金,逐步探索由个人、政府双方责任共担的长期护理保险多渠道筹资机制(纪文芳,2019)。

上海市 DNL 街道筹资渠道也主要来源于医保基金和政府补助,具体如表 8-3 所示。

由表 8-3 我们可知,DNL 街道筹资模式在医保基金和政府补助的框架下,细分为了四方面:职工医保、居民医保、风险储备金以及政府财政补贴。其中主要收入来源为医保基金和政府补助。

表8-3　　　　　　　　　　　DNL街道长护险筹资来源

覆盖范围	筹资来源	具体数额
城镇职工+城镇居民	职工医保	统筹基金0.3% + 个人账户0.2%
	居民医保	居民医保基金提取30元/年/人
	风险储备金	从基本医保统筹基金前年的节余中按照10%的比例进行一次性划拨
	财政补贴	补助金额视每年长护险基金收支情况确定

（三）给付方式分析

长期护理保险的宗旨是让失能老人得到全方位的照顾，因此上海市DNL街道不仅仅是将目光放在长期护理服务的筹资上，更是要将资金落到实处，在给付方式上给予失能老人更多样的护理服务、社区用餐服务以及辅助工具服务，对于家庭有困难的老人也设置了相应的资金补助与费用减免。

在过去的几年中，DNL街道为老服务中心构建"9073"养老服务格局（史健勇等，2019）。从多方面构建具有全面性、系统性、监管性的社会养老服务体系，不断提升老人幸福感、满意度。

1. 护理服务

上海市DNL街道遵循《上海市长期护理保险试点办法实施细则》，将长护险的护理给付形式分为社区居家照护、养老机构照护、住院医疗护理，具体如表8-4所示。

表8-4　　　　　　DNL街道长期护理保险护理服务支付方式和标准

服务形式	评估等级	待遇支付方式和标准	保险报销比例
社区居家照护	二级或三级	每周上门服务3次，每次1小时	90%
	四级	每周上门服务5次，每次1小时	
	五级或六级	每周上门服务7次，每次1小时	
养老机构照护	二级或三级	20元/天	85%
	四级	25元/天	
	五级或六级	30元/天	
住院医疗护理	—	住院期间发生的在长护险给付范围内的费用，按照医院标准费用进行计算，按照本市现执行支付标准在医保基金内扣除	—

资料来源：本图数据来源于上海市DNL街道内部资料。

社区居家照护由DNL街道为老服务中心、乐龄家园以及社区保洁护工团队提供，主要为老人提供日常生活辅助照料和相关的基本医疗护理服务。上门护理次数由之前评估所得的分值来进行分级，每周上门 3~7 次不等，每次服务时间为 1 小时。个人只需支付 10% 的护理费用（约为 6.5 元/小时）。

养老机构照护由社区医院、一级二级护理站、合作养老护理机构提供。由专业持证护士、相关护理资质从业人员，进行上门服务。为老人提供临床护理服务，包括吸氧、鼻饲等 15 项服务，如图 8-2 所示。

□晨间护理	□晚间护理	□口腔清洁	□面部清洁和梳理
□协助进食/水	□温水擦浴	□沐浴	□洗发
□手和足部清洁指/趾甲护理	□协助更衣	□协助床上移动	□协助翻身叩背排痰
□整理床单位	□皮肤外用药涂擦	□压疮预防护理	□排泄护理
□失禁护理	□床上使用便器	□留置导尿护理	□会阴护理
□人工取便术	□人工肛门便袋护理	□生活自理能力训练	□借助器具移动
□安全护理	□药物管理		

图 8-2　DNL 街道长期护理保险社区居家照护项目
资料来源：本图来源于上海市 DNL 街道内部资料。

2. 资金补助

在困难老人资金补助方面，上海市 DNL 街道进行分类分级式补贴，将困难老人分为低保、低收入、低平均三大类。其中低保老人是指本市户籍，低保家庭中的 60 周岁及以上老年人；低收入老人是指本市户籍，本人及其配偶家庭人均收入高于本市低保标准，低于低收入标准的 60 周岁及以上老年人；低平均老人指本市户籍，本人月收入高于低收入家庭标准，低于上一年度城镇企业月平均养老金的 80 周岁及以上的老年人。根据照护等级不同，三类困难老人的补贴标准如表 8-5 所示。

表 8-5　　　　　　　　　低保老人资金补助标准

照护等级	低保补贴标准	低收入补贴标准	低平均补贴标准
照护一级	960 元/月	768 元/月	480 元/月
照护二至四级	896 元/月	640 元/月	/
照护五至六级	600 元/月	384 元/月	/

3. 社区用餐服务以及辅助工具服务

上海市 DNL 街道在履行长期护理保险基础的照护服务以外，也附加了社区用餐服务以及辅助工具服务。

根据上海养老服务平台统计，2019 年，DNL 街道所在的静安区 65 家助餐点累计为 2.3 万名老人供餐 337.5 万客，月均 28.1 万客。目前这个需求依旧在每年攀升，为解决失能老人就餐问题，DNL 街道在长护险试点刚启动时就通过大数据应用，利用大数据辅助决策，实现对社区食堂和送餐路线的合理规划。

目前 DNL 街道可以租借的辅助工具参照《2019 年上海市康复辅助器具社区租赁服务（试点）产品供应商及产品目录》中的产品，具体分为个人移动辅具、护理床、个人生活自理和防护辅助器具、个人医疗辅助器具四大类。产品单次租赁价格从（6 个月）900 元至 5400 元不等。DNL 街道对于之前的三类困难老人，也设有辅助工具租赁补贴，为康复辅助器具价格的 50%，按次计算，每次为 6 个月（首次低于 6 个月的按 6 个月计）消费者每人每年补贴上限为 3000 元。

二、DNL 街道长期护理保险案例总结

（一）DNL 街道长护险实践优势

通过分析上海市 DNL 街道长护险参保对象、评估模式、筹资模式以及给付方式，可以看出，社区长护险评估系统较为完善，政策落实较为到位，具体有如下优势：

1. 紧跟政策，积极应变，主动求变

上海市 DNL 街道积极响应《上海市长期护理保险试点办法》及相关政策，根据相关规章制度对评估员、评估医生、护理员进行考核，做到每一环节都缜密无漏。同时 DNL 街道也在落实长护险的过程中做到时刻创新，在评估过程中全程录音录像，在评估方法上采用分类拟合工具，确保评估结果真实性和准确性；在筹资环节中，创新采取分级分类制，对三大类困难老人实行分级资金补贴，减缓老人资金压力，让政策落入实处；在给付方式上，拓宽服务类型，利用大数据智慧养老系统，提高长护险给付效率和质量。

2. 社医合作，合理分工

上海市 DNL 街道积极与社区医院、护理机构合作，旨在提高评估结果准确性和护理团队专业性。在评估疾病轻重维度阶段，每一名评估员都配备至少一名社区医生，从专业角度和医保卡病史角度对于评估结果给出更专业的见解。同时在保险给付过程中的护理阶段，开始更多地签约社区护理人员，提升老人满意度和幸福感。

3. 以失能老人需求为核心，完善保障服务

由于目前长护险针对的是 60 岁以上的失能老人，因此除了资金和护理方面的支持，对于就餐或是辅助工具，同样也是老人们所急需的。因而上海市 DNL 街道设置社区就餐点以及工具租赁服务也就显得十分人性化，拓宽了长护险保障范围。

(二) DNL 街道长护险实践不足

虽然上海市 DNL 街道长期护理保险试点初有成效，其背后引起的问题也是不容忽略的。

(1) 试点阶段 DNL 街道长护险资金筹资过程中对医保基金依赖程度较高，但这种方法对于增加社会对长护险保费的效果很有限，在到达医保能承受的饱和度之后，边际作用会持续下降，因此该筹资机制并不能长久有效。

(2) 护理人员供不应求，目前长期护理服务持证的护理人员持证培训的速度还是远远不及失能老人的增长率，导致目前一位护理人员可能每天需要服务数十家的情况，影响服务质量。

(3) 社会保险和社会救助体系衔接存在问题，长期护理保险并未脱离医保制度，长护险保障责任和范围不明确，相关法律法规依旧不健全。

(4) 目前发现街道里许多农村居民因没有上海户籍和医保并未纳入长护险服务对象，城乡居民并未全覆盖。

归根到底，我们不难发现此类问题不论是资金来源单一短缺或是人员制度上缺失，本质上都是与长期护理保险筹资模式有很大的关系。目前上海作为国内长期护理保险试点的先头兵，更应扩大长期护理保险的资金池，提高服务团队后勤支持从而改善长期护理保险落实质量，让更多的人能加入到长护险中来，享受长护险待遇。因而，对筹资模式把控显得尤为重要，只有在源头加以改善和监管，才能解决好这些问题。

三、上海长期护理保险筹资模式问题分析

(一) 参保对象分析

目前，DNL 街道实行《上海市长期护理保险试点办法》将参保对象设置在上海户籍 60 岁以上的医保参保人。这样的参保对象范围虽然确实普及了大多数失能老人，但

是却未将农村老人纳入参保对象,并且对于60岁以下同样有需求的居民也并未考虑到其实际需求。这样的问题在目前大部分试点城市同样存在,在参保对象方面没有做到城乡全覆盖,这势必对之后筹资环节造成影响。

日本长期介护保险出台于2000年,且出台时便说明了采用社会强制险模式,即年龄在40岁及以上的全体国民都必须参加长期护理保险并缴纳一定的保险费。如表8-6所示,从参保对象角度来看,长护险实现了城乡全覆盖,并且也考虑到了中年人群因特殊情况的失能居民,基本满足了护理需求。同时一视同仁的参保方案减少了繁复的审查流程,降低了人力资本,扩充了政府长护险资金池。

表8-6　　　　　　　　　日本长期介护保险参保对象

年龄段	是否参保	保费来源	是否享受介护险
65岁及以上	全体国民参保	退休金扣除	无限制均可享受
40~65岁	全体国民参保	用人单位代扣	痴呆、中风等15种情况享受
40岁以下	不参保	/	/

资料来源：本表数据来源日本厚生劳动省公开资料。

目前随着我国城乡二元经济及城镇化进程加快,大量农村人口涌入城市,因此,我国长期护理保险试点首先要做的是在参保对象方面扩大范围,妥善解决农村老人的失能护理问题,让惠民政策切实落在每位有需求的老人身上。同时可以适当宽限年龄界限,对于60岁以下的居民允许特殊情况特殊处理。最后,也要注意城镇与乡村的长期护理参保政策相统一,以免出现互相攀比,增加管理成本,将政府本应服务于失能老人的资金白白浪费。

(二) 筹资责任分析

从上海市DNL街道案例中我们可以看出,上海长期护理保险试点时期主要资金来源于居民医保划扣、个人缴费以及政府的资金资助。虽说有医保基金托底,政府也会在基金入不敷出的时候及时补助,然而实际却不太理想。如今大多数试点地区和上海一样使用医保基金平移的方式来筹集资金,划拨占比高达79%,这令医保基金不堪重负。试点以来22个地区医保资金出现赤字,200多个地区的统筹资金出现当期收支不抵,同时每年的赤字依旧只增不减,所有筹资责任都压在了政府身上(项小月,2016)。

关于政府和个人的筹资责任,2016年北京市海淀区试点清楚地规定了政府将对保费的 10% 进行补贴,南通市政府在长期护理保险试点方案中明确规定政府财政补贴在长期护理保险的资金池中必须达到 40% 的标准。

未来长护险制度就目前来看大概率依旧是围绕个人和单位两种路径。在筹资路径的配比中,应按照合理计算配比,规划好政府、单位及个人三方责任比,从而避免个人与企业在长期护理服务上承担过多的筹资责任。因此作为长期护理保险试点城市之一,上海首先应确定一定比例的政府责任。

其次应该确定个人应承担的筹资责任,基于社会保障责任分担原则,参保者是长期护理服务的最终享用者,作为长护险照护服务以及资金补助的最终对象,居民个人应承担更多的筹资责任。同时,2020 年全国城镇居民人均可支配收入 43834 元,相比于 2019 年人均 42359 元,同比增加 3.48%;农村居民人均可支配收入 17131 元,同比增长 6.9%,且"十三五"期间,中国恩格尔系数持续下降,从 2016 年的 30.1% 降至 2019 年的 28.2%。由此可以看出就目前中国居民的收入情况基本可以担起筹资个人责任。

最后企业同样也要承担起筹资责任,目前虽然还未有试点城市要求用人单位承担,但是正如日本、德国等长护险先进国所做的那样,企业也应当负担起员工的长期护理保险保费,让政府从筹资的完全责任人解脱出来转换为主导责任。同时企业承担筹资责任不仅可以吸引人才更可以为员工谋福利,可谓有利无害。

(三) 筹资渠道分析

目前上海市 DNL 街道采用"医疗保险统筹基金划转 + 政府财政补贴"的方式筹资,除此之外还有每次护理费用 10% 的个人缴费 (6.5 元),但这一方面对筹资压力的缓解几乎是杯水车薪。如表 8 - 7 所示,通过与同为 2016 年第一批试点的南通市以及 2020 年第二批试点的北京市石景山区进行对比,我们不难发现我国目前长期护理保险资金筹集并未进行独立筹资,反而还是过多依附在医疗保险基金上,尽管第二批试点城市开始向公司代扣渠道转变,但还是离不开医保基金的大背景。

表 8 - 7　　　　　上海市与南通市、北京市长期护理保险筹资渠道对比

试点批次	地区	筹资渠道
2016 年第一批试点	上海市	个人缴费 + 医疗保险统筹基金划转 + 政府财政补贴
2016 年第一批试点	南通市	医疗保险统筹基金划转 + 政府财政补贴
2020 年第二批试点	北京市	单位和个人缴费为主,原则上同比例分担,初步阶段用人单位可从其缴纳的职工基本医疗保险中划出

资料来源:本表数据来源于《关于扩大长期护理保险制度试点的指导意见》。

我国长期护理保险制度上位法的缺位，导致试点地区长期护理保险筹资多依赖于医疗保险。这样单一的筹资渠道是不可持续且不公正的。例如每个地区医疗保险统筹基金划拨比例是不一样的，同时在对比中我们也可以发现上海市和北京市需要个人缴费，而南通市则并不需要居民承担筹资责任，这就会导致地区之间筹资不平等。

因而针对筹资渠道的问题我们目前长护险试点可以借鉴德国长期护理保险筹资制度，德国筹资渠道来自国家财政、被保险个人及企业雇主，三方均分长护险的筹资压力。德国政府不仅拓宽筹资渠道同时也致力于解决地区之间可能存在的给付不平衡问题，设置调剂金从而解决弱势群体的护理问题（谭睿，2017）。在筹资时，德国政府明确规定无论享受何种护理形式，居民个人都必须承担规定比例的照护费用。在目前中国人口老龄化愈发严重的背景下，长期护理保险筹资渠道必然不能依附于医保系统，而是要成为独立险种，单独运作筹资（刘晓宇，2019）。并且像如今试点出现的单靠政府、个人是不现实的，在未来的筹资渠道中，企业将成为举足轻重的一部分，个人、企业与政府的三足鼎立筹资模式才是最有效的多元筹资渠道模式。

（四）财务模式分析

目前在上海市 DNL 街道的财务运营中，人口老龄化是财务支出所要面对的重要社会风险，如今维持永续性运行主要靠的是在财务赤字时政府的财政性拨款，对于紧急情况的处理能力不足，易出现大的收支缺口。同时发现上海市试点财务模式中的税费调整机制参考要素较为单一，调整周期性较长，未能很好地应对制度环境影响所带来的财务波动。

如表 8-8 所示，通过与荷兰、德国、日本费率调整与安全储备机制的对比，可以看出如今大部分长期护理保险推行国家用的都是现收现付的财务模式，德国与日本都具有政府财政补贴以外的安全准备政策，其中德国的安全准备主要责任在于被保险人，预售 3 个月的保费作为之后应对社会风险的保障资金（Da and Le，2010）。日本根据《介乎保险法》设置了两级财政安全准备机制：财政安全定化基金和市町村相互财政安定化事业。前者是当市町村长护险资金出现财政风险时，向上级都道府提起财政补贴或是专项贷款申请，之后都道府再整合申请提交给日本市政府请求拨款，最后的筹集安全准备金不仅有市政府拨款，也有市町村、都道府的资金；后者则是以市町村为基本单位，共同建立的互助互惠财政补贴机制，当市町村之间出现了不平衡的准备金差异时，可以通过互相商讨保险费率的形式来消除市町村之间的差异。

表 8-8　　　　　　　　　费率调整与安全储备机制的多国比较

	荷兰	德国	日本
财源分担	税收 90%、被保险人 10%	保险费 100%	税收 45%、保险费 45%、被保险人 10%
财务模式	社保 + 现收现付	社保 + 现收现付	社保 + 现收现付
费率规定	《特殊医疗费用支出法》规定	《长期照护保险法》第 55 条规定	《介护保险法》第 129 条规定
调整期限	不定期	不定期	3 年一次
费率调整	2008 年：12.15%，由健康保险局根据收支情况提出申请，最终由健康福利与体育部、社会事务与劳工部共同决定	2000 年：1.7%；2004：1.7% 与 1.95%；2009 年：1.95% 与 2.2%；2013 年：2.05% 与 2.3%；2015 年：2.35% 与 2.6%（高 0.25% 系满 23 岁且无子女者）	第 1 号被保险人（65 岁以上）：根据个人收入与年金收入分为 8 个等级；第 2 号被保险人（40～64 岁）：1.12%
安全准备		预收 3 个月保费作为安全准备。2004 年对年满 23 岁且无子女者多征 0.25% 作为安全准备金	设置有"财政安全定化基金"与"市町村相互财政安定化事业"两级安全储备机制

资料来源："卫生福利部"《长期照顾保险制度规划报告》。

三国对于税费调整机制的态度基本相同，除了日本规定三年调整一次长期护理保险费率以外，荷兰、德国都更趋近于一年一次，根据制度环境波动灵活变化。其中长护险费率调整应综合考虑老龄化程度、长期照护需求者所占比率、物价指数、长期照护失能率、长期照护保险财务累积的盈利以及其他影响长期照护保险费用等有关的因素（Ranci and Pavolini，2013）。

因而，对于我国长护险试点所运用的财务模式，应注重精细化、灵活性、可行性。对于长护险费率的调整，由于还处于起步阶段，可以先不采取一年一次的频率，考虑到可行性和具体国情可以 2～3 年调整一次，需要参考我国老龄化程度、城乡居民人均收入比、城乡失能老人占比、人口结构变化、物价变化等等。形成长效的费率跳针机制实际也就是安全准备最有效的一种方式，同时结合中央财政预算拨款设立的"全国社会保障基金"以及医疗保险的节余程度，就可以形成长期护理保险资金的长期平衡。

参考文献

[1] 国家医疗保障局，财政部. 关于扩大长期护理保险制度试点的指导意见. 医保发〔2020〕37 号，2020.

[2] 纪文芳. 我国长护险筹资机制的构建：文献综述 [J]. 保险职业学院学报，

2019, 33（3）：44-47.

［3］刘晓宇. 我国长期护理保险筹资模式研究［D］. 青岛大学，2019.

［4］人力资源和社会保障部. 关于开展长期护理保险制度试点的指导意见. 人社厅发〔2016〕80号，2016.

［5］史健勇，罗娟高，凯顾静等. 上海进一步完善"长护险"制度研究［J］. 科学发展，2019（2）：97-103.

［6］孙鹃娟，高秀文. 人口老龄化背景下中国长护险试点的主要实践模式比较和思考［J］. 中国医疗保险，2020（2）：11-15.

［7］谭睿. 长期护理保险筹资：德日韩经验与中国实践［J］. 卫生政策研究，2017，10（8）：7-12.

［8］项小月. 长期护理保险制度筹资水平研究——以上海市为例［D］. 上海：华东理工大学，2016.

［9］周加艳. 日本长期护理保险2005—2017年改革述评与启示［J］. 社会保障研究，2017（4）：101-112.

［10］Da Roit B, Le Bihan B. Similar and yet so different: cash-for-care in six European countries' long-term care policies［J］. The Milbank Quarterly, 2010, 88（3）：286-309.

［11］Ranci C, Pavolini E. Reforms in long term care Policies in Europe［M］. Springer New York, 2013.

案例 9

企业债违约之河南 YM 超短融违约案例分析

魏　玮　孟子越[*]

2020 年 11 月 10 日 YM 超短期融资券发生实质性违约，引起债券市场恐慌性情绪蔓延，很多人将这一违约视作国企信用债信仰破灭，导致短时间内大量国企债券推迟或取消发行。这次融资券违约事件的原因是"去杠杆"等一系列政策导致企业盈利能力下降、新冠疫情带来的巨大冲击、公司不良的基本面以及各方金融机构的不尽责。

---

[*] 魏玮，女，第一作者，经济学博士，上海立信会计金融学院，金融学院讲师，专业研究方向：消费金融、国际金融等。孟子越，通讯作者，男，上海立信会计金融学院，金融学院本科生。

一、案例介绍

2020年11月10日,上海清算所发布公告称:截至当日终,仍未收到YM控股集团有限公司(以下简称"YM")2020年度第三期超短期融资券(代码:012000356,简称:20YM SCP003)支付的付息兑付资金[①],YM构成实质性违约。同一天,YM及其债项主承销商GD银行等也自行公开披露其违约事实。

也是同一天,ZCX出具《ZCX关于调降YM控股集团有限公司主体及相关债项信用等级的公告》,ZCX决定将YM长期信用评级由AAA降至BB,并划入可能降级的观察名单;将YM多个债项的信用等级从AAA调降至BB,一个债项从A-1调降至C,并列入可能降级的观察名单。11月12日,YM发布《YM控股集团有限公司关于存续期债券触发交叉保护条款的公告》,披露存续期债券为21项。

11月13日,YM发布公告披露其于当日已兑付20YM SCP003的足额利息。11月23日,主承销商发布《关于YM控股集团有限公司2020年度第三期超短期融资券2020年度第一次持有人会议议案概要》,议案主要讨论的内容为是否同意发行人只兑付一半本金,余下的本金展期270天。根据11月24日律所信息披露,该债项所有的31户持有人100%参与议案表决,并100%同意通过该议案。根据上海清算所披露信息,YM 2020年11月以来陆续到期的其他债项也都做了类似处理。

从2020年11月10日至2021年2月8日,上海清算所官网信息共披露YM及其债券主承销商、律所共计87条公告,显示自20YM SCP003实质性违约以来,YM的其他债券也都受到很大影响。不止于此,YM的违约也引起了中国银行间交易商协会(以下简称交易商协会)的关注,并称立即于2020年11月12日对YM开展自律调查,同时约谈了多家中介机构。在此过程中发现主承销商XY银行股份有限公司、GD银行股份有限公司和ZY银行股份有限公司等以及ZCX信用评级有限责任公司、SIGMA会计师事务所(特殊普通合伙)存在涉嫌违反银行间债券市场自律管理规则的行为。依据《银行间债券市场自律处分规则》等有关规定,交易商协会将对相关中介机构开展自律调查。市场上迅速引起了连锁反应,相关股票相继下跌。2021年1月14日,交易商协会2021年的第1次自律处分会议就立马通过了对YM的处罚;1月15日,交易商

---

① 资料来源:https://www.shclearing.com/xxpl/ywts/202011/t20201110_771282.html。

协会连发三个自律处分信息，至此 11 家与 YM 相关的中介机构被交易商协会处分，其中包括 2 家发行人、1 家会计师事务所、1 家评级机构以及 7 家金融机构。

事情牵扯的远不止 YM 和他的小伙伴们。由天眼查的股权穿透图可知，YM 的控股股东为 HNNH 集团有限公司（下称"HNNH"），持股比例达 96.01%，而 HNNH 则是由某省国资委全额出资的国有独资企业。在市场看来，YM 融资券的违约，意味着国企信用债刚性兑付的信仰破灭。由于市场对 YM 违约预期不足，导致债市恐慌情绪肆虐，其他同行业、同性质乃至同省发行主体的信用债也受到不小的影响，二级市场几乎一边倒的全是卖盘，而一级市场也大量推迟或取消发行，信用债市场上充斥着流动性紧缩的氛围。从 Wind 可以得知，11 月 10 日至 11 月 19 日，取消或推迟公开发行的债券数量达到了 50 只，这些债券的总规模超过了 390 亿元，发行方大部分是地方国有企业，其给出的理由大多数均是"近期市场波动大，为了降低发行风险"。另外，由于 YM 事件影响较大，对市场上几乎所有的投资者都造成了强烈冲击，导致大家对于信用风险的担忧，由此形成信用债抛盘，同时债券估值下调叠加风控趋严，进一步加剧了抛售压力。

二、案例相关专业知识

本次 YM 系列违约事件，涉及的产品有超短期融资券（SCP）、短期融资券（CP）、定向工具（PPN）、中期票据（MTN），共计四种金融工具；涉及发行人、主承销商、债权持有人、会计师事务所、律师事务所、信用评级机构等。以 YM 2020 年 11 月 10 日爆出超短融实质性违约为时间点，具体存续债务工具如表 9-1 所示。

表 9-1　　　　　YM 2020 年 11 月 10 日存续期债务工具一览

项目	种类	YM 存续债项	发行总额
1	超短期融资券（SCP）	20 YM SCP003 20 YM SCP004 20 YM SCP005 20 YM SCP006 20 YM SCP007 20 YM SCP008	10 亿元 10 亿元 10 亿元 10 亿元 10 亿元 10 亿元
2	短期融资券（CP）	19 YM CP003 20 YM CP001	10 亿元 10 亿元

续表

项目	种类	YM存续债项	发行总额
3	定向工具（PPN）	18YM PPN001 18YM PPN002 19YM PPN001 20YM PPN001 20YM PPN002	20亿元 10亿元 5亿元 6亿元 20亿元
4	中期票据（MTN）	18YM MTN001 19YM MTN001 20YM MTN001 20YM MTN002 20YM MTN003 20YM MTN004 20YM MTN005 20YM MTN006	20亿元 5亿元 10亿元 10亿元 5亿元 10亿元 10亿元 10亿元
小计	4	21	231亿元

资料来源：作者根据上海清算所公开信息整理。

（一）债务融资工具定义（超短期融资券、短期融资券、中期票据和非公开定向发行）

根据中国银行间市场交易商协会2020年发布《非金融企业短期融资券业务指引》（2020版）、《非金融企业超短期融资券业务指引》（2020版）和《非金融企业中期票据业务指引》（2020版）[①]，"超短期融资券，是指具有法人资格的非金融企业在银行间债券市场发行的，约定在270天以内还本付息的债务融资工具"，"短期融资券，是指具有法人资格的非金融企业在银行间债券市场发行的，约定在1年内还本付息的债务融资工具"，"中期票据，是指具有法人资格的非金融企业在银行间债券市场发行的，约定在一定期限还本付息的债务融资工具"。

根据中国银行间市场交易商协会2011年4月发布的《银行间债券市场非金融企业债务融资工具非公开定向发行规则》[②]，"非公开定向发行是指具有法人资格的非金融企业，向银行间市场特定机构投资人发行债务融资工具，并在特定机构投资人范围内流通转让的行为"。

上述四种债务融资工具全部都是在银行间债券市场发行，且都要按照中国银行间市场交易商协会的《非金融企业债务融资工具注册发行规则》在交易商协会注册，注

[①] 资料来源：中国银行间市场交易商协会公告，http://www.nafmii.org.cn/ggtz/gg/202006/t20200612_80141.html。

[②] 资料来源：中国银行间市场交易商协会公告，http://www.nafmii.org.cn/ztbd/fgkdxfx/201204/t20120412_14080.html。

册都需要主承销商推荐。

（二）银行间债券市场

银行间债券市场是指依托于中国外汇交易中心暨全国银行间同业拆借中心（简称同业中心）和中央国债登记结算公司（简称中央结算公司）、银行间市场清算所股份有限公司（上海清算所），让各类金融机构进行债券买卖和回购的市场，包括商业银行、农村信用联社、保险公司、证券公司等。

（三）债务融资工具发行流程

中国银行间市场交易商协会以注册制为核心，遵循市场化、专业化的准则，建立了债券发行市场化管理制度。具体发行流程如图9-1所示。

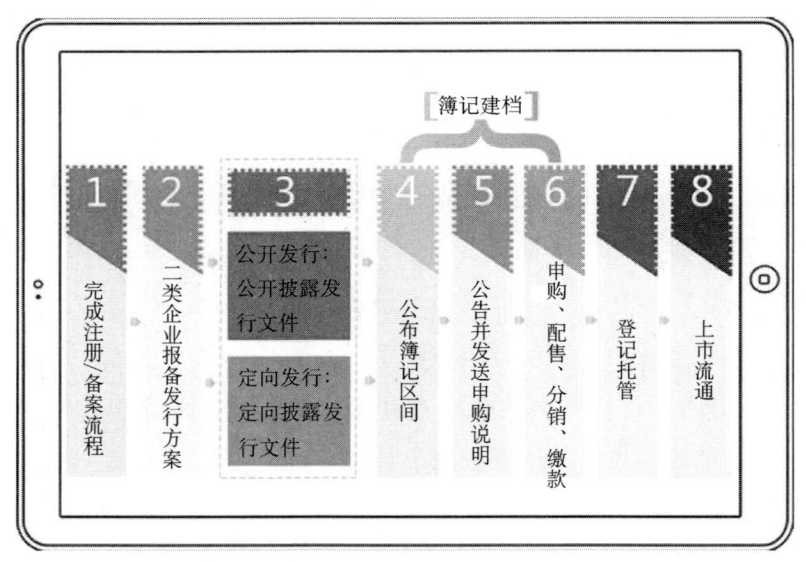

图9-1 债务融资发行流程

资料来源：中国银行间市场交易商协会。

债券发行注册制以发行人信息披露为核心，将发行人作为第一责任人，在债券发行与存续期间，要求其真实、准确、完整、及时地充分披露信息，并对所披露信息承担相应法律责任。但同时，注册制的基础是中介机构尽职履责。信息披露要做到全面有效，需要主承销商、评级机构、会计师事务所、律师事务所等相关中介机构尽职履责，发挥他们的专业优势，督促发行人履行好信息披露义务，让投资者能够应知尽知，以减少道德风险和逆向选择风险，为金融市场稳定发展保驾护航。

三、案例分析

（一）YM 违约原因分析

1. 宏观层面

国家推行的金融去杠杆、去产能、去库存以及影子银行整顿等政策造成了企业一定程度上的盈利能力下降，融资困难。2018 年以来，我国 GDP 增速逐渐趋缓，中美贸易争端更是进一步加剧了经济下行压力。2020 年年初，受到全球新冠疫情这一黑天鹅事件的影响，财政资金紧张，2020 年我国财政赤字规模 3.76 万亿元，赤字率高达 3.6%，疫情冲击导致财政收入减少，加上地方债发行计划基本完成，没有发行新债券的空间，所以可用于支持国企的资金减少。

2. 公司基本面

从财务报表所反映的信息来看，如表 9-2 所示，2017 年至 2020 年上半年，YM 的流动资产一直小于流动负债，说明其偿债能力严重不足，即使变现所有流动资产，也与流动负债有较大差距，其差距远远胜过每年利润。从利润表看，营业收入利润率逐年下降，一直在 5% 以下，低于发行债务工具的实际利息率。有意思的是，利润总额与净利润之间的差距非常大，特别是 2019 年，所得税费用高达 5.2 亿元，除去了利润总额的 34.4%，内部管理不善，税务筹划不利可见一斑。从现金流量表来看，近三年多来，投资活动从来没有为 YM 带来过正的现金流，投资管理和决策已经成为制约 YM 发展的关键问题之一。筹资活动同样也有类似问题，联系到 YM 较低的营业收入利润率，筹资活动似乎一直在用较高的筹资成本还怎么也还不上的债务。截至 2020 年 11 月 10 日，YM 爆出实质性违约，YM 在银行间债券市场依然有高达 231 亿元人民币的存续债务。

表 9-2　　　　　　　　　　YM 财务报表关键指标　　　　　　　　单位：亿元人民币

	2020 年上半年	2019 年	2018 年	2017 年
资产负债表信息				
流动资产	789.8	714.5	723.1	556.6
流动负债	992.9	937.2	895.1	816.1
资产总计	1739.6	1642.7	1623.4	1420.1

续表

	2020年上半年	2019年	2018年	2017年
资产负债表信息				
负债总计	1368.9	1260.1	1255.9	1136.2
利润表信息				
营业收入	246.2	470.2	489.9	412.4
利润总额	4.8	15.1	14.2	19.9
营业收入利润率	1.9%	3.2%	2.9%	4.8%
净利润	0.4	9.9	3.4	11.7
现金流量表信息				
经营活动产生的现金流量净额	45.8	58.3	98.0	83.4
投资活动产生的现金流量净额	−34.9	−48.1	−29.4	−4.4
筹资活动产生的现金流量净额	2.8	−4.2	55.7	−15.4
期末现金及现金等价物余额	352.6	339.0	330.0	208.7

资料来源：以上数据来自于YM 2017年度、2018年度、2019年度、2020上半年财务报告，表格由本案例作者整理得到。

（二）YM事件背后的更多责任人

2021年1月14日，交易商协会发布公告对YM的自律处分信息[1]。公告称，YM主要有以下违规行为：一是发行文件中披露的公司独立性信息不准确、不完整，同时控股股东占用资产的情况也披露得不准确；二是YM未在年报及其发行文件中披露其大量货币资金被划转至控股股东资金管理中心，这一信息对于投资者影响巨大；三是财报以及发行文件里披露的受限资产和违约记录信息不准确；四是在债务融资工具存续期间，公司出现了债务相关资产无偿划转以及变更募集资金用途的情况，但是公司没有及时披露。交易商协会在2021年第1次自律处分会议上审议通过了对YM予以公开谴责，并暂停其债务融资工具相关业务1年的决定。

2021年1月14日，交易商协会发布公告对HNNH的自律处分信息[2]，HNNH是YM的控股股东。公告称，HNNH主要有以下违规行为：一是"左口袋出，右口袋进"，也就是用自己的钱买自己及其子公司的债务融资工具；二是在受限资产的实际

---

[1] 资料来源：中国银行间市场交易商协会公告，http://www.nafmii.org.cn/zlgl/zwrz/zlcf/202101/t20210114_84093.html。
[2] 资料来源：中国银行间市场交易商协会公告，http://www.nafmii.org.cn/zlgl/zwrz/zlcf/202101/t20210114_84095.html。

情况与募集说明书中所披露的情况不一致;三是在债务融资工具存续期间,公司发生了债务相关资产无偿划转以及变更募集资金用途两件对于债券价值有较大影响的事情,且公司没有及时披露。交易商协会在 2021 年第 1 次自律处分会议上审议通过了对 HNNH 予以严重警告,并暂停其债务融资工具相关业务 7 个月的决定。

除了 YM 和它的控股股东本身经营管理不善,不遵守债券发行流程与制度,也有诸多中介机构难辞其咎。YM 存续的 4 种债务工具共计 21 只债券,都是在银行间债券市场发行,也就是说能够购买 YM 的 4 种债务融资工具的持有人也都是金融机构,同时按照交易商协会的业务指引,发行人、承销商、评级机构、会计师事务所、律师事务所等相关机构都应尽职履责。事实却是,无论从会计师事务所审过的年报,还是发行人的推荐函,还是评级机构的信用评级,我们都能发现纰漏和问题,主要包括:

1. 信用评级机构不尽责

根据中国银行间市场交易商协会 2020 年发布《非金融企业短期融资券业务指引》(2020 版)、《非金融企业超短期融资券业务指引》(2020 版)和《非金融企业中期票据业务指引》(2020 版)[1],上述指引文件中分别指出企业发行短期、超短期和中期票据都应披露企业主体信用评级和当期短期、超短期和中期票据的债项评级,由此可见信用评级机构在债券发行活动中有着不可替代的地位。2020 年 11 月 10 日,在上清所披露 YM 实质性违约的同一天,ZCX 信用评级有限责任公司下调了 YM 及其存续期债券的评级。而在这之前,YM 的主体信用评级是最高级 AAA。2020 年 12 月 29 日,交易商协会发布对 ZCX 的自律处分结果[2]。公告称,ZCX 在对 YM、HNNH 提供评级服务的过程中,未开展实地调查访谈,导致其未能有效揭示信用风险,对 ZCX 予以警告并暂停其债务融资工具相关业务 3 个月。交易商协会认为 ZCX 在 YM 事件中存在的主要问题有:一是未开展实地调查,没有对主要业务部门负责人访谈;二是发现了 YM 或 HNNH 拖欠工资、偿债安排、关注类贷款等异常情况,但是没有去进一步调查;三是 ZCX 内控机制执行不到位,合规审查不合格。

2. 会计师事务所不尽责

2020 年 12 月 31 日,交易商协会发布针对 SIGMA 会计师事务所的自律处分结果。公告称,SIGMA 会计师事务所在对 YM 2017~2019 年年报的审计活动中,在以下几个

---

[1] 资料来源:中国银行间市场交易商协会公告,http://www.nafmii.org.cn/ggtz/gg/202006/t20200612_80141.html。

[2] 资料来源:中国银行间市场交易商协会公告,http://www.nafmii.org.cn/zlgl/zwrz/zlcf/202012/t20201229_84017.html。

方面违反规定：一是 YM 财报附注中没有披露"结算中心存款"，没有予以应有的关注，也没有深入审计，在没有收到发询证函的回函并且没有充足的审计证据的情况下，实施了替代程序；二是没有联系 SIGMA 已经掌握的信息对 YM "结算中心存款"及"结算中心借款"等大额关联交易深入审计；三是 YM 存在 3.6 亿元大额存单，同时还有相关股权质押，但会计所没有发现这一情况，也没有进行必要的审计工作；四是相关审计业务约定书签署及审计底稿归档不规范。交易商协会在 2020 年第 19 次自律处分会议上审议通过了对 SIGMA 会计所予以警告，并暂停其债务融资工具相关业务 3 个月的决定，同时责令其针对上述问题进行全面深入整改；SIGMA 会计所出具的合同签订日期、中标日期或文件落款日期在暂停业务期间的相关文件不得作为债务融资工具注册、发行和备案文件；对 YM 近三年的审计报告签字的注册会计师予以警告，并且从 2021 年 1 月 1 日起认定为债务融资工具市场不适当人选 1 年。同时，中国银行间市场交易商协会已将 SIGMA 会计所有关违规情况报送中国人民银行，相关涉嫌违法线索按程序移送中国证监会。翻开 YM 2019 年的经过 SIGMA 会计所审计过的年报，我们发现第一章第二页，募集资金使用情况的表格，募集资金总额的单位从亿元错误地写成了"万元"。2017 年的同一个地方，没有标出任何单位。YM 的年报质量和 SIGMA 会计所的审计质量确实有很大问题，如图 9-2 所示。

单位：万元

债务融资工具简称	募集资金总额	已使用募集资金金额	尚未使用募集资金金额	尚未使用募集资金留存方式
17 永煤 MTN001	10	10	0	不适用
18 永煤 PPN001	20	20	0	不适用

图 9-2　YM 2019 年度财务报告截图

3. 主承销商不尽责

2018 年 4 月 23 日，交易商协会专门针对主承销商发布《关于切实加强债务融资工具存续期风险管理工作的指导意见》，要求主承销商设立专岗从事债务融资工具存续期管理，做好风险监测、评估和分类以及处置。指导意见要求主承销商：要紧盯可能影响发行人偿还债券能力的相关信息，包括财务状况、股权结构变动、重大诉讼、生产经营状况、舆情等；还要在债券到期前提前了解发行人用来还债务融资工具的钱有没有落实到位，而且至少要提前一个月把具体情况报告给交易商协会……但我们在 YM 的主承销商身上并没有看到这些作为。2021 年 1 月 15 日，交易商协会公布对 ZY

银行、XY 银行和 GD 银行的自律处分信息①②③，公告认为，在为 YM 提供中介服务过程中，三家银行存在违反银行间债券市场相关自律管理规则的行为：一是尽调中没有对 YM 独立性情况进一步核查并在尽调报告中披露；二是在发行债券的前几日，将部分股权转让给了 ZY 银行，但并未及时披露；三是项目尽调工作的底稿不规范。

违约当然是债务人的问题，然而从会计师事务所到主承销商到评级机构，都成了摆设，就越发助长了债务人置各种自律及监管机构的规则于不顾，随意发债，拆东墙补西墙，到了补不了的那一天，终究波及所有相关方。

四、案例启示

1. 投资值得投资的企业

从财务报表，从业绩行情，从马克思利息理论的基本原理——利息来自于利润，我们都能看出来 YM 的利润率难以支持其长期在债券市场给出 4%～7% 的年利率。YM 长期流动资产低于流动负债，长期投资失败，长期较高的融资成本都不足以给出一个 AAA 的主体评级和 AAA 的债券评级。作为银行间债券市场的参与者——金融机构，本身已经是专业机构，具备金融专业理论与知识，更应该选择值得投资的金融产品。作为投资了 YM 各种债务工具的金融机构，应该相信社会主义市场经济新常态下，打破刚兑是必经之路。投资，应该选择值得投资的标的，更关注标的物和标的发行人本身。

2. 尽职履责的意义

本应是金融市场守门人的会计师事务所、信用评级机构和主承销商，丢掉了自己的职责与义务，YM 的国企信用破灭，他们当然难辞其咎。尽职履责，是各个金融机构存在的意义。

3. 理性看待刚性兑付

所谓刚性兑付就是即使某只债券无法及时还本付息，政府也会来"兜底"，帮助

---

① 资料来源：中国银行间市场交易商协会公告，http://www.nafmii.org.cn/zlgl/zwrz/zlcf/202101/t20210115_84420.html。
② 资料来源：中国银行间市场交易商协会公告，http://www.nafmii.org.cn/zlgl/zwrz/zlcf/202101/t20210115_84421.html。
③ 资料来源：中国银行间市场交易商协会公告，http://www.nafmii.org.cn/zlgl/zwrz/zlcf/202101/t20210115_84422.html。

它履行义务。于是对于某些看上去不错的债券,譬如国企发行的债券,人们就会盲目地产生刚性兑付的预期。然而这种预期只是我们的一厢情愿,一旦真正发生风险,投资者对于债券兑付能力的预期将会发生突变,很容易引起金融市场的波动。而政府为了维护金融市场的秩序,最终只能买单,这导致了最终政府承担了所有风险,使得风险集中化,而不是将风险分散到银行体系外的其他社会部门中去,这与十九大提出的"坚定不移打好防范化解金融风险攻坚战"的目标相违背。

参考文献

[1] 中国人民银行. 银行间债券市场非金融企业债务融资工具管理办法 [EB/OL]. 中国人民银行令〔2008〕第1号. [2008-04-09] http://www.gov.cn/gongbao/content/2008/content_1149254.html.

[2] 中国银行间市场交易商协会. 关于发布《非金融企业债务融资工具信用评级机构自律公约》的公告 [EB/OL]. 中国银行间市场交易商协会公告〔2018〕7号. [2018-03-27]. http://www.nafmii.org.cn/zlgl/zlgy/201803/t20180327_68267.html.

[3] 中国银行间市场交易商协会. 关于发布2021年版《非金融企业短期融资券业务指引》《非金融企业中期票据业务指引》《非金融企业超短期融资券业务指引》的公告 [EB/OL]. 中国银行间市场交易商协会公告〔2021〕9号. [2021-03-30]. http://www.nafmii.org.cn/ggtz/gg/202103/P020210326614567051000.pdf.

[4] 中国银行间市场交易商协会. 关于公布《非金融企业债务融资工具注册发行规则》《非金融企业债务融资工具公开发行注册工作规程》及《非金融企业债务融资工具公开发行注册文件表格体系》的公告 [EB/OL]. 中国银行间市场交易商协会公告〔2016〕4号. [2016-02-19].

案例 10

J 银行信贷管理案例分析

魏 忠[*]

  金融是一个国家重要的核心竞争力，金融安全是国家安全的重要组成部分。商业银行目前仍是中国金融业的主体，商业银行风险关系到中国宏观经济的稳定发展。信贷业务是商业银行最传统、最核心的业务。J 银行是中国大型国有上市银行的上海分行，本案例就 J 银行在发展过程中如何开展信贷业务，以及如何合理控制信贷风险进行分析和讨论，希望能够提供一些参考。

---

 [*] 魏忠，男，经济学博士，上海立信会计金融学院副教授，研究方向：宏观经济、金融理论。

2017年7月，习近平总书记在全国金融工作会议上发表重要讲话，他强调，金融是国家重要的核心竞争力，金融安全是国家安全的重要组成部分。目前商业银行仍是我国金融业的主体，商业银行风险关系到整个宏观经济的稳定发展。在经济全球化快速发展的今天，中国商业银行既面临着机遇，也面临着挑战。商业银行在提供服务取得经济效益的同时，也面临着各种各样的风险，尤其是信贷风险。

信贷业务是商业银行最传统、最核心的业务。J银行作为大型国有上市银行的一家分行，在上海资金市场上占有一席之地。本案例将就J银行在发展过程中如何开展信贷业务，以及如何合理控制信贷风险进行分析和讨论，希望能够提供一些参考。

一、基本概念及管理理论

（一）信贷风险

信贷风险是指在经营和管理过程中，商业银行在多种不确定因素的共同影响下，其实际信贷业务收益与预期信贷业务收益之间出现差额，可能使其遭受一定的经济损失或者丧失额外收益。

信贷风险的种类主要有：

1. 信用风险

信用风险是指借款人因主观故意或拒绝按期履行还款义务或者缺乏还款能力而导致银行出现一定资金损失的可能性。信用风险是国内商业银行面临的主要风险，它具有两大特征：一是信用风险属于非系统性风险。借款人的道德水准、资金运营情况、经营和管理能力、贷款投向等会对其还款能力造成影响。二是信息的不对称性。借款人通常处于有利的地位，不仅拥有大量的信息，而且常采用隐瞒和欺诈等手段，使得银行掌握的信息具有不对称特征。

2. 操作风险

操作风险是指造成银行直接或间接损失的风险。其形式多样，主要有：员工的违规操作行为、内外部的欺诈行为、产品设计缺陷、信息管理系统失灵或中断、实物资产被破坏等。银行操作风险几乎覆盖了其日常的经营活动，其风险范围十分广泛。

3. 市场风险

市场风险主要指商业银行因证券、外汇、利率等价格变化所导致的股票价格下跌、外汇交易亏损以及利差减少，最终导致损失发生的可能性。

4. 流动性风险

流动性风险是指商业银行因某些原因而遭受损失的可能性，通常是商业银行自有资金不足，无法从其他渠道获得资金来源，不能满足客户的取款需求或合理的贷款需要。

（二）信贷风险管理

信贷风险管理是一项系统和综合性较强的工作，主要是对风险进行识别、计量、检测和控制，贯穿于贷前调查、贷时审查、贷后管理以及贷款收回等整个信贷业务过程当中，在前面工作的基础上再开展对风险的相关评级，分门别类地进行报告和组织管理等工作。

信贷风险管理的主要内容有：

1. 信贷风险的识别

信贷风险管理的第一步便是对信贷风险的识别，识别风险通常采用定性和定量相结合的方法，通过对各部门的各项经营活动和业务流程的分析，判断其风险发生的必要条件和概率。

2. 信贷风险的计量

商业银行在贷款决策时，运用现代数理预测方法对信贷风险进行识别。同时，了解和掌握风险发生的可能性，即对信贷风险进行计量。对风险进行科学的计量，就可以降低风险所带来的损失，在风险即将超过警戒线时提前采取相关防控措施。银行对风险进行评价和决策的重要依据来源于对风险的估计和度量，高估或低估风险都会造成银行的利益损失。

3. 信贷风险的控制和处置

在信贷风险的识别和计量之后，商业银行要对风险的特性、成因、发生可能性的大小以及损失程度进行适当区分，为了消除或纠正这些风险，银行将采取一些科学的、具有针对性的方法。银行信贷风险的控制与银行业发展以及宏观经济走势紧密关联，对风险控制过程中的制度和技术，要不断加强、改进和完善。

(三) 信贷风险管理的相关理论

1. 资产管理理论

资产管理理论认为银行客户才是决定银行负债的关键,而商业银行则是被动方,起不了决定性的作用。作为20世纪60年代之前的西方主流理论,该理论强调商业银行为了保证资产的流动和安全性,通过调整资产结构,以资产类业务来获取高额利润。该理论的关键在于资产管理,实现资产结构最优化,其前提是负债决定资产规模。此理论具有一定的局限性,认为人是纯粹的经济人,忽视人的社会因素,偏重管理技术因素,没有从企业整体上考虑经营管理的问题,单一注重现场作业效率的提高。

2. 负债管理理论

负债管理理论产生于20世纪60年代。当时全球经济繁荣,生产流通不断扩大,贷款需求不断增加。该理论是将负债作为银行经营的重点,为了扩大银行的资产规模、增加收益,银行以借入的资金来保证其流动性,通过这种方式对资产结构进行调整。扩大贷款规模的目的是保证利润的最大化。该理论倡导的"主动负债"会因为某些不可预测因素的影响、资金成本以及资金供求的状况而导致银行经营风险的发生,同时"主动负债"也使得银行的盈利性和流动性得到了统一和协调。

3. 资产负债综合管理理论

产生于20世纪70年代的资产负债综合管理理论,在资产管理理论与负债管理理论的基础上,提出为了实现安全性、流动性、盈利性目标,商业银行仅依靠对资产或负债业务的单方面管理难以让银行业务健康发展;为了保证资产的供给能力,该理论主张对资产负债结构要进行灵活、及时的调整,对资产和负债两方面业务要进行全方位、多层次管理;为了使商业银行经营管理更加科学,应注重从资产负债平衡的角度,协调银行资产的安全性、流动性和盈利性。

4. 全面风险管理理论

《巴塞尔资本协议》于1988年7月在瑞士通过,该协议建立了一套完整的通过资本充足率来衡量表内与表外风险的标准,其中核心资本充足率必须$\geqslant 4\%$,资本充足率必须$\geqslant 8\%$,并成为世界各个国家或地区用来衡量商业银行运营是否稳健的关键性指标。

全面风险管理理论诞生于20世纪90年代。该理论指出商业银行不能只是关注某一流程或某一项目之中的风险,信贷风险管理不仅是银行风险管理部门的业务活动,并且是全系统、全流程、全范围的风险管理活动,需要从培养企业文化、增强风险意识、细化管理流程、完善组织结构等方面来有效控制风险。2003年7月由美国COSO委员会在《企业风险管理——整合框架》中提出,全面风险管理体系主要包括全面风险管理要素、企业的各个层级、企业的目标三个方面,这也得到全球银行界的广泛认可。

2004年6月,巴塞尔银行委员会在《巴塞尔新资本协议》中,提出要采用统一的方法对流动性风险、操作风险、信用风险及市场风险进行综合考核和管理,推动银行业风险管理模式由单一向全面管理的转变。新资本协议由市场约束、外部监管、最低资本要求三大支柱组成。《巴塞尔新资本协议》对全面风险管理体系与银行信贷风险管理两方面的体系内容进行了有机融合。

(四) 商业银行信贷风险管理的原则

1. 坚持审慎信贷原则,严格审查审批贷款

遵守商业银行经营的基本原则,坚持审慎信贷原则,对银行贷款进行严格审查和审批,保证贷款的安全性、流动性和效益性,加强信贷管理,严禁违规办理贷款,提高风险防范意识。在审批新增贷款时,商业银行不仅严格审查借款人的经营状况、申贷条件、主体资格等情况,还要对借款人的财务情况、还款能力等进行严格审查。

2. 坚持贷款由第一还款来源归还原则

在借款人靠借债度日情况下,说明借款人的经营活动已经出现问题,现金净流入较少,财务状况不佳,而采用拆东墙、补西墙的方式,掩盖其偿债能力较弱的事实,骗取银行贷款。当借款人不能按时归还本息时,表明银行贷款的第一还款来源出现了问题,银行贷款存在一定的风险。银行通过分析借款人现金流情况,掌握借款人第一还款来源的资金是否充足。同时,银行还要关注借款人偿付利息的能力,通过利息保障倍数,衡量借款人支付利息的能力。

3. 坚持贷后监督原则,防止挪用信贷资金

在市场因素变化的影响下,借款人经营状况会发生改变,借款人财务状况直接影响到贷款资金的安全,借款人是否按照借款合同的约定使用银行贷款,是衡量银行借款是否安全的一个重要因素。因此在发放贷款之后,商业银行通常都会监督检查借款人正常合规使用银行贷款资金。

4. 防止借款人逃废银行债务，坚持有效追索本息的原则

保证银行向借款人追索贷款本息，实现债权的前提条件是贷款程序、借款合同、贷款担保等手续的合法、合规、真实、有效和完整。如果在贷款程序和手续上存在缺陷，那么银行对借款人有效追索贷款本息就会无法落到实处。因此，为了防止借款人逃废银行债务，银行必须保证办理贷款的各环节手续的合法、合规、有效、严密和完整，避免出现操作失误，丧失对借款人贷款本息追索的权利，造成银行财产损失。

（五）商业银行信贷风险管理的策略

根据银监会 2005 年发布的《商业银行信贷风险管理指引》的要求，商业银行信贷风险管理常用的策略有以下几种：

1. 风险分散

马克维茨所提出的信贷资产组合管理理论是风险分散理论的基础。在风险难以避免的时候，商业银行会采取风险分散的策略，即对信贷资产进行风险管理时，为了减少风险所带来的损失，应该将相关系数小的资产进行组合管理。

2. 风险回避

信贷风险回避是指为了避免信贷业务中存在的潜在风险，商业银行对经营计划或方式事先进行改变或者调整。贷款业务是商业银行获利的主要方式，对存在较大风险的借款人发放贷款是需要审慎回避的。对最终选择回避风险还是承担风险，商业银行可以根据借款人信用评估结果，来判断银行自身能否承担可能面临的风险，从而决定是否拒绝借款人的贷款申请，而不是盲目拒绝。

3. 风险转嫁

商业银行风险转嫁的方式主要有三种：一是将风险转嫁给贷款的保证人。在发放贷款时，银行要求借款人提供能够履行相关连带保证担保责任的、有偿还能力的第三方自然人或企业法人。二是通过抵押贷款将风险转嫁给借款人。采取这种转嫁方式时，银行需对抵押物进行严格审查，确保抵押物的质量，当信贷风险发生时，抵押物能够尽快变现或转为他用，银行通过对抵押物的变现来弥补可能蒙受的损失。三是将风险转嫁给证券投资者。为了转嫁借款人的违约风险，商业银行通过资产证券化程序将贷款转化为在金融市场上可流通的证券，实际上是将贷款的债权转让给了证券投资者，这有利于商业银行尽快收回贷款本息，缓解债务压力。

4. 风险补偿

风险补偿策略是商业银行因风险遭受损失时，采取一些补救措施来弥补所遭受的损失。主要有四种策略：一是呆账准备金补偿。商业银行按照一定比例从贷款余额中提取的专项补偿基金，即呆账准备金。提取呆账准备金的重要目的就是未来补偿信贷风险。二是价格补偿。在办理贷款业务时，商业银行充分考虑风险溢价，用提高风险回报的方式来抵消所面临的风险，从而在贷款价格中加入风险价值，这是一种事前补偿风险损失的方式。三是保险赔偿补偿。如贷款业务采用抵押物进行担保的，则银行会要求抵押物必须购买保险，一旦发生风险时，保险机构会进行理赔。四是法律手段补偿。在贷款因经济纠纷发生损失时，商业银行会采取法律手段对借款人提起法律诉讼，为保证信贷资产安全，尽可能地弥补损失。

二、案例分析

（一）基本情况

C公司成立于2000年4月6日，公司性质为股份制企业，注册资本25.6亿元，控股股东为D公司，持股比例为86%。C公司拥有船舶21艘，运力62万吨，以江海运输为主。公司主营业务：铁矿石、非金属矿石、煤炭、建材、粮食、钢材、化肥、特种大件等运输，其中矿石运输占水运总量的80%以上，客户主要有宝钢、沙钢、马钢、重钢等；煤炭运输占总运输量的9%，主要客户为各大钢厂等；散货运输的货物主要有粮食、建材、黄沙、化肥等等。

C公司自2004年开始与J商业银行开始授信合作，2011年3月其在J商业银行的信贷余额为8000万元，担保方式为三条货船抵押，总评估价值2亿元。2011年之后，航运业进入低谷时期，运价不断下跌，燃油成本持续上升，运货量较前几年减少，上述多种因素导致C公司经营情况以及财务指标恶化，偿债能力受到影响。2019年4月31日法院下达了C公司破产清算的裁定书，同年11月28日C公司进入破产程序。

D公司，是C公司的母公司，成立于1991年，注册资本161.4亿元，是一家上市公司，所属行业为沿海货物运输，主营业务为江海直达水上运输。2001年开始与J商业银行建立业务往来，因对航运市场走向判断失误，加上2009年中央政府4万亿元的投资决策，刺激了D公司盲目扩大产能，大量举债购造货船以抢占市场。此后因市场前景急转直下，导致大量货船尚未造好，D公司即已无力支付造船费用，被迫损失前期费用低价变卖，造成资金链紧张的局面，2012年D公司出现亏损，2010年其在J银行的信贷余额为2亿元，由C公司提供连带责任保证担保，2018年年底进入破产清算程序。

（二）J银行信贷风险管理措施

1. 重新整合授信

D公司在2012年出现财务危机时，C公司经营尚可，因为D公司是大型国有上市企业，为了保证D公司平稳过渡，不宜采用强制缩减贷款、回收贷款等激进措施，逼迫D公司强行退出市场。否则，非常有可能会出现J银行贷款无法收回、D公司加速崩盘的局面。J银行积极响应政府要求，2014年重新整合银行授信额度，将D公司的2亿元信贷余额转贷至C公司名下，这样一来的结果，一方面是C公司信贷余额变为2.8亿元；另一方面是规避了D公司因债务纠纷而影响对J商业银行的利息支付。

2. 加强贷后管理，有效采取清收措施

在授信重组前后，J银行加强了对C公司经营情况及财务状况的关注，其中一个重要的工作环节就是在D公司出现亏损尚能支撑的时候，J银行贷后管理人员快速对D公司和其相关子公司的各种情况进行了摸底，充分了解它们的财务状况、总资产情况、市场业务情况，特别是两方船舶整体的情况。J银行不仅深入了解和掌握了两家企业及相关市场情况，而且还积极保持与两家企业高级管理层的密切联系和沟通，并重点加强了对两家公司的运力和运价、现金流等状况的监控，有效采取相应措施进行清收，进一步组织和落实相关责任，着重加强对C公司监督与管理，加大对C公司贷款化解力度，确保贷款利息不拖欠。自2014年开始，C公司已经停止了在其他家商业银行的贷款利息支付，但是C公司对J银行的贷款利息支付并未出现拖欠，其主要原因是J银行率先将贷款利率向下调整，成为第一家下浮贷款利率的银行，并与C公司一直保持良好的业务联系和沟通关系。

3. 加强担保措施

J银行在2013年授信重组时，针对C公司的授信追加了D公司的连带责任保证担保，虽然当时D公司已经连续三年亏损，2013年的亏损更是达到了15.3亿元，但是J银行经过综合分析，认为D公司虽然即将资不抵债，并且每股股票价格下跌到2块钱，但百足之虫僵而不死，D公司名下拥有大量的股权和品牌效应，实际上还是具有很强的清偿能力。因此，J银行在授信重组时，要求D公司提供2亿元担保。当时，尽管有不少人认为追加一个接近破产的母公司担保为无奈之举，聊胜于无，然而恰恰是这一步，通过最后的处置结果得以证明，J银行破天荒地处置D公司问题贷款成为了一个起死回生的经典案例。

J银行将以前抵押担保的三条船龄老、吨位小的船舶，更换为另外三条吨位大、配置先进的船舶，其中有两条船舶在建造时，部分资金由军方出资，所以必须有军方授权的单位才能持有，因此处置面比较单纯，为后期处置抵押物减少贷款损失做了准备。此外，J银行在追加D公司的原担保公司——长远公司担保后，也担心当时长远公司的实力，很难承担2亿元贷款的担保，因此在J银行全体员工的努力和运作下，通过D公司出面，获取了G担保投资有限公司的担保。

4. 积极处置资产

J银行在2013年办理了C公司借新还旧贷款8000万元，2018年12月31日D公司通过了资产重组方案，因D公司是C公司在J银行授信的保证人，通过债权申报，J银行获得了1982万股D公司股票和147万元现金赔偿，股票部分按照市值3908万元以资抵债入账。2019年4月C公司进入破产程序后，3艘抵押船的处置款项共计10926万元，担保公司代偿了6600万元贷款本金，抵押物处置款项无法覆盖J银行的全部债权，J银行获得D公司股票557万股和265万元现金，其中股票部分按照市值1130万元以资抵债入账。截至2019年11月C公司清偿完毕之时，其在J商业银行问题贷款余额为5024万元。

C公司信贷风险管理措施如表10-1所示。

表10-1　　　　　　　　C公司信贷风险管理措施

序号	措施	具体内容
1	重新整合授信	D公司2亿元信贷余额转贷至C公司名下，C公司信贷余额变为2.8亿元
2	加强担保	追加D公司及G担保公司
3	加强贷后管理和清收措施	调查和摸底公司情况，确保不欠息
4	积极处置资产	处置抵押物获10926万元，担保公司代偿6600万元，股票抵偿1130万元

资料来源：J银行内部资料。

（三）J银行信贷风险管理评价

1. 贷前调查浮于表面，不够深入，未能及时披露风险

（1）航运业风险。2011年之后，航运业进入低谷时期，行业整体运力过剩，运价

不断下跌，燃油成本不断上升。C 公司的货运量较前几年明显减少，销售收入也大幅减少，盈利能力下降，财务压力巨大。

（2）产能过剩风险。C 公司的母公司 D 公司对航运市场走向判断失误，加上中央政府 2009 年财政投资 4 万亿元的决策，刺激 D 公司盲目扩大产能，大量举债购造货船，抢占货运市场。此后，货运市场前景急转直下，导致大量货船尚未制造好，D 公司即已无力支付造船费用，D 公司被迫损失前期费用，进行低价变卖，D 公司资金较为紧张。

（3）关联企业风险。首先，C 公司的母公司 D 公司由于亏损和改制的原因，关联风险传导至 C 公司，造成 C 公司财务成本、运营成本大增，现金流入不敷出。其次，D 公司因多方面原因，不愿采取自救措施，D 公司存在故意逃废银行债务嫌疑，通过债转股的形式保壳成功并逃废了绝大部分银行债务，D 公司通过破产清算摆脱了所有银行债务，实际上采取了脱壳经营的方式还在正常经营。

2. 审批授信环节把关不严

（1）J 银行授信环节对航运行业的市场前景判断不够审慎。2012 年 D 公司出现亏损时，C 公司经营情况尚可，J 银行审批人对航运市场行情和前景判断不够审慎，航运市场在 2011 年之后受国内外经济环境影响，运价一路下跌，燃油成本不断升高，行业整体一蹶不振。D 公司对行业发展形势误判，购买和制造了大批船舶，造成产能严重过剩，致使 D 公司财务负担沉重，而 C 公司是 D 公司的全资子公司，承接了 D 公司 2 亿元的银行债务，因此 C 公司也陷入了此次偿债的信用危机。

（2）J 银行对央企和上市公司过度信任。在 2014 年，由于对央企和上市公司的过度信任，所有银行都为 D 公司办理了转贷，J 银行也在保障收息、增加抵押物的情况下，将 D 公司原有贷款转贷至借款人 C 公司。最终结果是 D 公司恶意逃废银行债务，导致 C 公司的贷款也出现风险。

3. 贷后检查流于形式，未及时揭示风险

贷后管理人员管理不到位，未及时掌握借款人相关信息。贷后检查报告内容空洞，流于形式，例如在 2014 年 4 月～2015 年 3 月连续 5 次的实地考察报告中，将考察的结论均表述为"成本上涨，货源不足，行业整体出现亏损，公司销售收入和利润下降"，不仅没有实质性内容，而且对企业经营、财务等重大变化情况未能进行及时更新。

三、J 银行信贷风险管理启示

(一) 采取有效措施提高贷前调查质量

一是坚持双人调查。深入企业实地，核实资产、债权、债务，多方面接触企业各级人员，全面掌握企业经营和管理情况。二是高度重视对企业负责人及实际控制人的调查，负责人及实际控制人的资信情况对企业信誉有极大影响。三是对信贷调查进行规范化管理。调查的形式、方法、程序和内容等都要有明确要求，严禁走过场。四是坚持质量优先的原则。严格遵守信贷业务操作规程，保证贷前调查的质量，不以牺牲质量换取效率。

(二) 严格审批制度，控制信贷风险

信贷审批，不仅是控制信贷风险的重要环节，也是防范信贷风险的关键环节。信贷审批，各级审批权力人必须严格按照审批程序进行，严格审查提交的授信调查报告和授信资料，必要时要进行实地调查，核实客户的真实情况。信贷审批要责权明确，各个环节实行专人负责制，强化审批人员的责任和风险意识，有效控制信贷风险。

(三) 加强贷后管理，监督贷款使用，及时披露风险

贷后检查工作内容包括：一是对客户进行动态跟踪管理，了解客户经营情况和财务状况，及时发现各类风险信号，有针对性地提出解决措施。二是监控贷款用途。在提款时，借款人必须提供相匹配的合同、发票、入库单、运输凭证等相关资料。三是做好抵质押品的管理。按要求进行现场检查，杜绝不管不问的现象。四是加强对关联企业的管理，防止大量套取信贷资金，造成信贷资产的损失。

(四) 提高解决问题贷款能力，盘活不良贷款

提高处置问题资产的能力，强化资产质量，将传统"三打"处置模式即打折、打包、打官司、升级为重组、重整、重构的"三重"模式，通过债务重组，优化企业财务结构；通过资产重组，优化企业资产结构；通过法定重整程序，帮助企业实现债务出清，摆脱困境，轻装上阵；通过债转股、并购重组、破产清算等方式，提高问题贷

款的处置效率,实现债权的分类处理,实现无效资产向有效资产转换。

参考文献

[1] 彼得·S. 罗斯,刘园译. 商业银行管理(第九版)[M]. 机械工业出版社,2016.

[2] 米什金. 货币金融学[M]. 中国人民大学出版社,2012.

[3] 戴国强. 商业银行经营学[M]. 高等教育出版社,2016.

[4] 中国银行业协会. 解读贷款新规[M]. 中国金融出版社,2010.

[5] 张新民,钱爱民. 财务报表分析[M]. 中国人民大学出版社,2011.

[6] 史建平. 商业银行管理学[M]. 中国人民大学出版社,2003.

[7] 财政部. 金融企业准备金计提管理办法[M]. 2012.

[8] 中国人民银行. 电子商业汇票业务管理办法[M]. 2009.

[9] 肖小和. 中国票据市场发展研究[M]. 上海财经大学出版社,2016.

[10] 中国银监会. 商业银行资本管理办法(试行)[M]. 2012.

[11] 中国银监会. 银行业金融机构全面风险管理指引[M]. 2016.

[12] 乔治·H. 汉普尔,多纳德·G. 辛曼森. 银行管理——教程与案例[M]. 中国人民大学出版社,2002.

案例 11

B-S 模型在可转债定价中的应用案例

郑 伟 张 堞[*]

在本案例中,运用 B-S 模型对可转换债券内嵌的看涨期权定价,进而为可转换债券定价。通过该案例教学的实践,让学生将理论和应用结合起来,加深学生对期权定价模型的理解,提高应用能力,提升专业教学效果。

---

[*] 郑伟,第一作者,男,管理学博士,上海立信会计金融学院,金融学院金融工程系主任、讲师,研究方向:金融工程。张堞,女,上海立信会计金融学院,金融学院金融工程专业本科生。

一、案例背景

"金融工程学"是金融工程专业的核心课程之一，主要讲述以期货、期权等为代表的衍生品的定价、套期保值、投资策略等内容。因此，关于期权的定价问题，是金融工程学课程的核心问题之一。对于期权定价，经典的方法是通过著名的 Black – Scholes 模型（以下简称 B – S 模型）进行计算，进而确定各种期权的理论价格。为使得 B – S 模型的教学更加具体和生动，在教学实践中对于该部分教学进行一定的拓展，通过一个具体的教学案例，加深学生对该模型的理解和提高应用能力。

在本案例中，选择一种包含期权的金融产品——可转换债券，让学生自己动手实践，通过为债券和看涨期权定价来给可转换债券定价，将理论和应用结合起来，更好地促进教学。此外，在思政教学方面，通过利用期权定价方法，给可转换债券定价，让学生理解可转换债券低风险高收益的原理，有助于树立正确的风险观。

本案例可以作为一次课外的大作业，也可以作为一次单独的实验项目进行布置，作为对课堂理论教学内容的有益补充。

二、案例相关专业知识

（一）可转换债券的含义、特点及投资价值

可转换债券是可转换公司债券的简称，又简称可转债。它是一种可以在特定时间、按特定条件转换为普通股票的特殊企业债券。可转换债券兼具债权和期权的特征。2001 年 4 月中国证监会发布了《上市公司发行可转换公司债券实施办法》，规范、促进了可转换债券的发展。

可转换性是可转换债券的重要标志，债券持有人可以按约定的条件将债券转换成股票。转股权是投资者享有的、一般债券所没有的选择权。可转换债券在转换成股票之前是纯粹的债券，与其他债券一样，可转换债券也有规定的利率和期限，投资者可以选择持有债券到期，收取本息。但在转换成股票之后，原债券持有人就由债权人变成了公司的股东，可参与企业的经营决策和红利分配，这也在一定程度上影响公司的股本结构。可转换债券持有人还享有在一定条件下将债券回售给发行人的权利，发行

人在一定条件下拥有强制赎回债券的权利。

可转换债券具有股票和债券的双重属性，对投资者来说是"有本金保证的股票"。可转换债券对投资者具有较强的市场吸引力，其有利之处在于：

1. 可转换债券使投资者获得最低收益权

可转换债券与股票最大的不同就是它具有债券的特性，即便当它失去转换意义后，作为一种低息债券，它仍然会有固定的利息收入；这时投资者以债权人的身份，可以获得固定的本金与利息收益。如果实现转换，则会获得出售普通股的收入或获得股息收入。

2. 可转换债券当期收益较普通股红利高

投资者在持有可转换债券期间，可以取得定期的利息收入，通常情况下，可转换债券当期收益较普通股红利高，如果不是这样，可转换债券将很快被转换成股票。

3. 可转换债券有相对股票优先偿还的要求权

可转换债券属于次等信用债券，在清偿顺序上，同普通公司债券、长期负债（银行贷款）等具有同等追索权利，但排在一般公司债券之后，同可转换优先股，优先股和普通股相比，可得到优先清偿的地位。

（二）可转换债券的要素和条款

可转换债券有若干要素，这些要素基本上决定了可转换债券的转换条件、转换价格、市场价格等总体特征。

1. 有效期限和转换期限

就可转换债券而言，其有效期限与一般债券相同，指债券从发行之日起至偿清本息之日止的存续期间。转换期限是指可转换债券转换为普通股票的起始日至结束日的期间。大多数情况下，发行人都规定一个特定的转换期限，在该期限内，允许可转换债券的持有人按转换比例或转换价格转换成发行人的股票。

2. 股票利率或股息率

可转换公司债券的票面利率（或可转换优先股票的股息率）是指可转换债券作为一种债券时的票面利率（或优先股股息率），发行人根据当前市场利率水平、公司债券资信等级和发行条款确定，一般低于相同条件的不可转换债券（或不可转换优先股票）。

3. 转换比例或转换价格

转换比例是指一定面额可转换债券可转换成普通股票的股数。用公式表示为：

转换比例 = 可转换债券面值/转换价格

转换价格是指可转换债券转换为每股普通股份所支付的价格，用公式可表示为：

转换价格 = 可转换债券面值/转换比例

4. 赎回条款与回售条款

赎回是指发行人在发行一段时间后，可以提前赎回未到期的发行在外的可转换公司债券。

赎回条件一般是当公司股票在一段时间内连续高于转换价格达到一定幅度时，公司可按照事先约定的赎回价格买回发行在外尚未转股的可转换公司债券。

回售是指公司股票在一段时间内连续低于转换价格达到某一幅度时，可转换公司债券持有人按事先约定的价格将所持可转换债券卖给发行人的行为。

赎回条款和回售条款是可转换债券在发行时规定的赎回行为和回售行为发生的具体市场条件。

5. 转换价格修正条款

转换价格修正是指发行公司在发行可转换债券后，由于公司尚未送股、配股、增发股票、分立、合并、拆细及其他原因导致发行人股份发生变动，引起公司股票名义价格下降时对转换价格所做的必要调整。

（三）可转换债券的定价

可转换债券的价值包含债券价值和期权价值两部分，债券价值取决于可转换债券的纯债券价值和转换价值较大者，而期权价值是转换成股票的选择权价值。

1. 纯债券价值

如果不考虑可转换性的影响，我们可以把可转换债券视为一般的债券，可以采用普通债券价值方法——现金流贴现法，计算可转换债券纯债券价值部分，即不管可转换债券市场价格如何变化，发行者都定期支付利息和到期偿还本金。

$$PV = \sum_{t=1}^{n} \frac{I_t}{(1+r)^t} + \frac{M}{(1+r)^n} \qquad (11-1)$$

其中：PV 为债券价格；I 为各期利息；M 为债券面值；r 为无风险利率；n 为债券期限。在实际计算中，由于使用的利率的计息方式不同，公式（11-1）具有不同的形式，但原理是一致的，都是应用现金流贴现原理。

2. 转换价值

转换价值是指可转换债券按市价兑换成股票的价值，即由可转换债券兑换股票的数量和标的股票现价的乘积。转换价值的计算公式为：

转换价值 = 普通股票市场价格 × 转股比例

转股比例 = 单位可转换债券面值/转股价格

当转股比例或转股价格未做调整时，转换价值的变化与标的股票市场价格走势密切相关，即转换价值的变化趋势实际上就是标的股票价格的变化趋势。由此可见，转换价值波动主要取决于股票价格变化。当可转换债券价格低于转换价值时，投资者购入可转换债券并用来兑换该公司股票，然后将该股票售出，这样投资者可以从中获利，这种套利的结果是可转换债券的市场价格总趋向于大于转换价值。

3. 期权价值

可转换债券的价值通常会超过纯粹的债券价值和转换价值。投资者之所以愿意支付这部分额外的费用，是因为他们预期随着时间的推移和市场价格的变动，自己能在纯债券价值和转换价值之间进行比较，选择有利于自己的策略，即可转换债券具有期权价值。本案例运用 Black-Scholes 模型计算可转换债券期权价值。

以欧式看涨期权为例，期权的计算公式为：

$$c = S_0 N(d_1) - Ke^{-rT} N(d_2)$$

$$p = Ke^{-rT} N(-d_2) - S_0 N(-d_1)$$

$$d_1 = \frac{\ln(S_0/K) + (r + \sigma^2/2)T}{\sigma\sqrt{T}} \quad (11-2)$$

$$d_2 = \frac{\ln(S_0/K) + (r - \sigma^2/2)T}{\sigma\sqrt{T}} = d_1 - \sigma\sqrt{T}$$

其中：

r——无风险利率；

σ——金融资产收益的标准差；

$N(d)$——累积正态分布函数；

S——现在的标的资产价格；

K——敲定价格（协定价格）；

T——至到期日的时间；

C——看涨期权的价格；

P——看跌期权的价格。

综上所述，我们可以近似得出可转换债券价值：

可转换债券价值 = 纯债券价值 + 期权价值

在本案例中，我们假定可转换债券内嵌的期权是欧式看涨期权，这是一种简便的处理方法。实际上，随着可转换债券不断转换股票，公司的股本会扩大，对公司的股权有稀释作用，也应该考虑到定价中。此外，可转换债券一般还包含回售和回购等复杂条款，也相当于给予可转债持有者或者发行公司一种期权。所以，在给可转换债券定价方面，是有其他更加复杂的方法。

三、案例要求和操作要点指导

（一）案例要求

（1）任选一只国内证券市场正在交易的可转换债券，熟悉其价格波动特点。通过交易软件等平台查看可转换债券的价格波动、发行等基本信息，转股、回售等条款，以及转股价格等关键参数。

（2）确定该可转换债券的标的股票，计算标的股票的波动率。以标的股票的收盘价日数据计算标的证券的收益率，根据收益率数据计算收益率的标准差，再换算成年波动率。

（3）利用B-S模型，为可转债包含的看涨期权进行定价。在可转换债券的转股期内，任选1个时间点，计算期权的价值。再对可转换债券的价值进行计算，将可转换债券的债券价值和期权价值相加作为该可转债的价值。

（4）根据计算结果，讨论你计算的可转债的投资价值。

(二)操作要点指导

1. 可转债基本资料和数据取得

在和讯网或者股票交易行情软件上都可以方便地查到可转换债券的情况。比如，使用交易软件查询。在"分类－沪深债券－可转债"路径下可以查到证券市场上交易的可转换债券。点击某可转债可以查看价格走势，在价格走势界面下，按下电脑 F10 可以查看该可转换债券的基本数据和信息，如图 11－1 所示。

图 11－1　交易软件中的沪深市场的可转换债券

2. 计算标的股票的年波动率

通过行情软件的"系统－数据导出"路径下，可以导出某可转换债券的标的股票的日交易价格数据，利用价格数据计算该股票日收益率数据。利用日收益率数据进行统计，可以得到该股票的日收益率的标准差。需要注意的是统计得出的该股票日收益率数据的标准差需要换算成年标准差，换算的公式是：

$$\sigma = s \cdot \sqrt{T} \tag{11-3}$$

通过该公式，将日收益率的标准差 s 换算成年波动率，T 为一年的天数，这里建议取一年的交易日数量，大约 250 个交易日。交易数据的导出如图 11－2 所示。

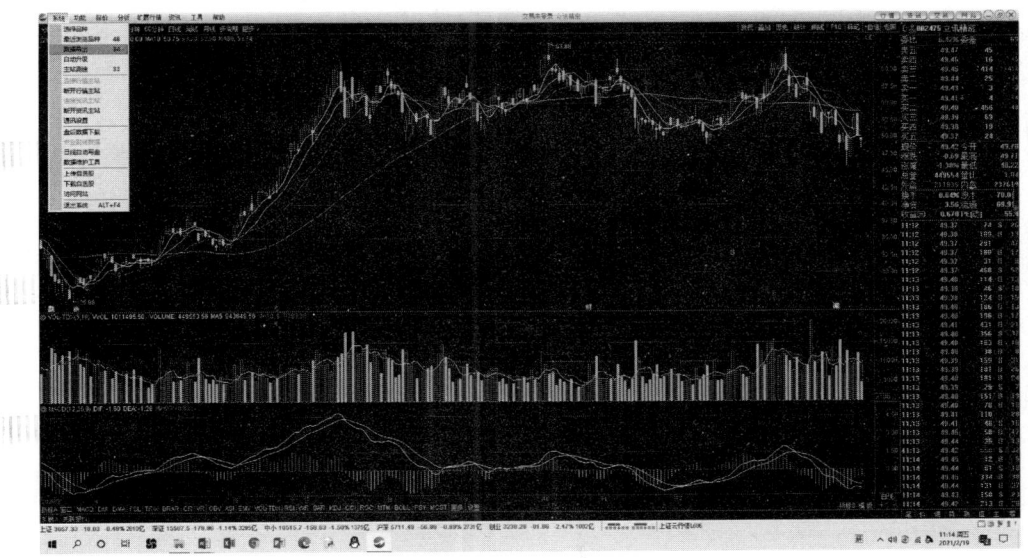

图 11-2 交易数据的导出

3. 无风险收益率的选取

无风险利率是指金融市场上无风险的年收益率。当有成熟的同业拆借市场时，可以用同业拆借市场的利率作为无风险利率。在我国，利率还未完全市场化，同业拆借市场也有待充分发展。在实践中，我们可以取国债利率或银行定期存款利率近似作为无风险利率。

在本案例中，为了方便，可选银行定期存款的利率作为无风险收益率，但应知道，这是一种近似的取法。由于在期权的定价公式中，利率是以连续复利形式表达的，所以还应该将所取的无风险利率转换为连续复利。比如，如果无风险利率取每年计息1次的定期存款利率，那么，换算成连续复利的公式为：

$$R_c = \ln(1 + R_m) \tag{11-4}$$

其中，R_m 为普通年计复利，R_c 为连续复利。

4. 计算期权的价值

在取得期权价值计算所需要的各参数后，可以用 Excel 表格计算期权的价值，如图 11-3 所示，也可以使用其他软件计算。在 Excel 中，计算 $N(d)$ ——累积正态分布函数时，可以使用 Excel 软件的函数 Normsdist（），直接计算出正态分布累积分布的数值。

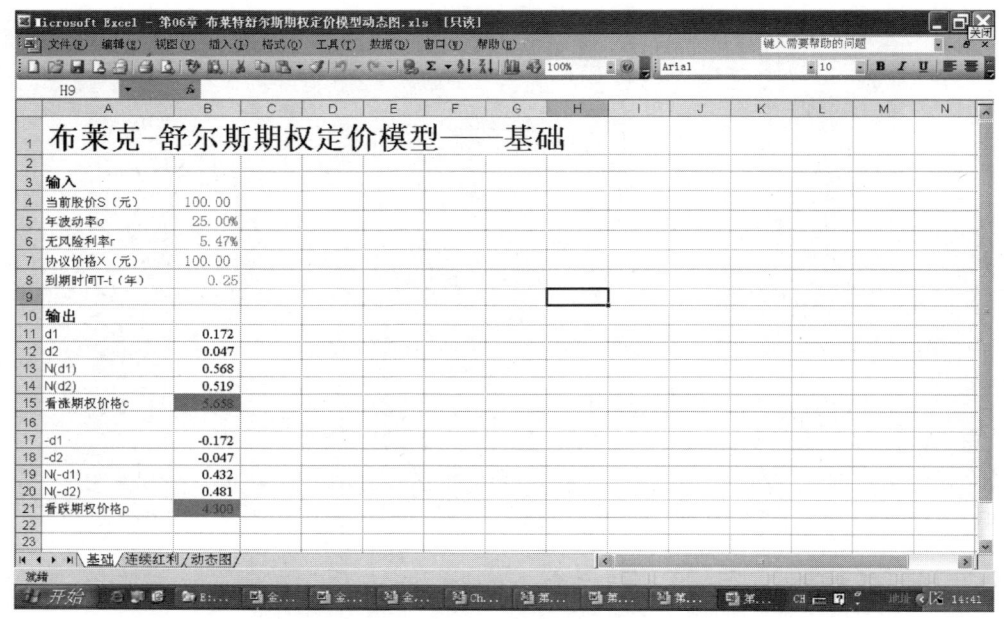

图 11-3 B-S 模型计算期权的价值

四、应用实例

以下通过一个具体的计算实例，来说明参数选取和计算的过程。选取的可转债为长信转债。

（一）长信转债的基本资料及无风险利率的选取

选取的可转换债券是长信转债（123022），从交易软件中可查询，其基本资料如表 11-1 所示。

表 11-1　　　　　　　　　　长信转债的基本资料

债券代码	123022	债券简称	长信转债
债券类型	可转债	交易市场	深圳证券交易所
发行规模（亿元）	12.30	期限（年）	6.00
发行价格（元）	100.00	最新规模（亿元）	3.47
计息方式	累进利率	首期利率（%）	0.40
最新转股价（元）	6.25	最新利率（%）	0.60
债券信用级别	AA	主体信用级别	AA

续表

起息日期	2019-03-18	止息日期	2025-03-17
发行日期	2019-03-15	上市日期	2019-04-10
转股起始日	2019-09-23	转股截止日	2025-03-18
兑付方式	一次还本	是否含权	是
是否有偿债计划	否	是否担保	否
利率条款描述	第一年0.4%，第二年0.6%，第三年1%，第四年1.5%，第五年1.8%，第六年2%		
信用评级机构	大公国际资信评估有限公司		

由表11-1可知，长信转债为一年付息一次，最新转股价为6.25元，到期日为2025年3月18日。如表中所列的利率条款描述，第一年0.4%，第二年0.6%，第三年1%，第四年1.5%，第五年1.8%，第六年2%，则可以得到2019年3月18日～2020年3月17日利率为0.4%，2020年3月18日～2021年3月17日利率为0.6%，2021年3月18日～2022年3月17日利率为1%，2022年3月18日～2023年3月17日利率为1.5%，2023年3月18日～2024年3月17日利率为1.8%，2024年3月18日～2025年3月17日利率为2%。银行存款利率如图11-4所示。

品种	调整前年利率	调整后年利率
活期	0.35%	0.35%
三个月	1.35%	1.10%
半年	1.55%	1.30%
一年	1.75%	1.50%
二年	2.35%	2.10%
三年	3.00%	2.75%

调整日期：2015-10-24

图11-4 银行存款利率

选择三年期银行存款利率作为长信转债的贴现率，由表11-2可知调整后年利率为2.75%，转化为连续复利：$Rc = \ln(1+Rm) = \ln(1+2.75\%) = 2.71\%$。

（二）确定该可转换债券的标的股票，计算标的股票的波动率

由长信转债的基本资料可知其标的股票为长信科技（300088），以2019年4月10日～2020年5月6日长信科技每个交易日的收盘价计算日收益率，其日收益率的标准差等数据如表11-2所示。

表 11-2　　　　　　　　　长信科技股票日收益统计信息

长信科技	
平均	0.001915
标准误差	0.002221
中位数	0.003631
众数	0
标准差	0.035811
方差	0.001282
峰度	1.024927
偏度	-0.20749
区域	0.203958
最小值	-0.10796
最大值	0.096001
求和	0.497935
观测数	260

由结果可知长信科技的日收益率的标准差为 0.035811，则年收益率的标准差 $\sigma = s \cdot \sqrt{T} = 0.035811 \times \sqrt{250} = 0.566228 = 56.62\%$。

（三）计算可转换债券的价值

1. 计算债券的理论价格

计算日选为 2020 年 5 月 6 日，则剩余年限为 4.947 年。对于纯债券来说，在剩余期限内各年的付息日收到的现金流分别为 0.6 元，1 元，1.5 元，1.8 元，102 元。则债券的理论价格为：

$$P = \sum c_i e^{-rt_i} = 0.6 * e^{-0.0271 * 0.947} + 1 * e^{-0.0271 * 1.947} + 1.5 * e^{-0.0271 * 2.947}$$
$$+ 1.8 * e^{-0.0271 * 3.947} + 102 * e^{-0.0271 * 4.947} = 93.73817(元)$$

2. 计算期权的理论价格

2020 年 5 月 6 日当天长信转债的收盘价为 179.00 元，而长信科技的收盘价为 10.02 元，且经查询可知，长信转债的转股价格在 2019 年 5 月 21 日发生变动，由 6.38 元变为 6.25 元，从 2019 年 5 月 27 日起开始生效。

可转换债券包含了看涨期权，而欧式看涨期权的定价公式如公式（11-2）所示。此次计算中，$r = \ln(1 + Rm) = \ln(1 + 1.5\%) = 0.0149 = 1.49\%$，$\sigma = 0.5662$，

$S = 10.02$ 元（当天股票的收盘价），$K = 6.25$ 元，$T = 4.947$ 年，代入公式（11 – 2）可得到：

$$d_1 = \frac{\ln(S_0/K) + (r + \sigma^2/2)T}{\sigma\sqrt{T}} = \frac{\ln(10.02/6.25) + (0.0149 + 0.5662^2/2) * 4.947}{0.5662 * \sqrt{4.947}}$$

$$= 1.063001$$

$$d_2 = \frac{\ln(S_0/K) + (r - \sigma^2/2)T}{\sigma\sqrt{T}} = d_1 - \sigma\sqrt{T} = 1.063001 - 0.5662 * \sqrt{4.947}$$

$$= -0.19633$$

使用 Excel 软件的函数 Normsdist（），可计算出：

$$N(d_1) = N(1.063001) = 0.856109, N(d_2) = N(-0.19633) = 0.422175$$

则看涨期权价格为：

$$c = S_0 N(d_1) - Ke^{-rT} N(d_2) = 10.02 * 0.856109 - 6.25 * e^{-0.0149 * 4.947} * 0.422175$$

$$= 6.127118（元／股）$$

3. 计算可转债的理论价格

一份长信转债可以转化为：$100/6.25 = 16$ 股股票，故一份长信转债所包含的期权价格为：$6.127118 * 16 = 98.0339$ 元。

如果以债券价值加期权价值给可转债定价，一份长信转债的理论价格为：$93.73817 + 98.0339 = 191.77$ 元，高于它当天的实际收盘价 179.00 元。

（四）计算结果分析

根据计算结果可以发现，计算得出的长信转债的理论价格高于其实际收盘价，表明市场对长信转债明显低估了，因此长信转债的投资价值较大，存在较好的投资潜力，投资价值较高。

参考文献

［1］郑振龙. 金融工程（第四版）［M］. 高等教育出版社，2016.

［2］郑伟. 金融工程实验教程［M］. 上海财经大学出版社，2016.

［3］百度百科网站，网址：https://baike.baidu.com.

案例 12

上市公司信息披露违法违规与金融伦理
——对 JYKJ 信息披露违法违规的案例分析

周叶菁 陈 兵 金 俊 张 晶[*]

改革开放以来，我国证券市场蓬勃发展，然而，欺诈发行、操纵市场、内幕交易、虚假陈述等案例仍时有发生，已成为影响中国证券市场健康发展的重要因素。防范证券市场风险，保护投资者合法权益，需要依法全面从严监管。证券市场法规体系已覆盖大多数金融市场伦理问题，但仍存在法律或自律规定未解决的问题，在某种程度上这些问题的背后是伦理标准尚未建立并完善。本案例通过分析 JYKJ 信息披露违法违规案例，重点讨论证券市场虚假陈述中存在的上市公司伦理和职业伦理问题，并提出相应的政策建议。

---

[*] 周叶菁，上海立信会计金融学院，金融学院讲师，博士，研究方向：金融监管。陈兵，上海立信会计金融学院，金融学院副教授，博士，研究方向：金融稳定、金融理财。金俊，上海市证券同业公会研究发展部主任，研究方向：证券市场。张晶，上海立信会计金融学院，金融学院本科生。本案例研究得到了上海市证券同业公会的大力支持，在此表示感谢。

从 20 世纪 90 年代初深圳和上海两大证券交易所建立以来，我国资本市场快速发展，在助力国企脱困、完善公司治理、改善融资结构、优化资源配置、促进经济增长等方面发挥日益显著的作用。然而，欺诈发行、操纵市场、内幕交易、虚假陈述等案例在证券市场仍时有发生，已经成为影响中国证券市场健康可持续发展的重要因素。防范证券市场风险，保护投资者合法权益，需要依法全面从严监管。证券市场法规体系已经覆盖了大多数金融市场伦理问题，但仍然存在法律或自律规定未解决的问题，在某种程度上这些问题是对伦理存在争论，即证券市场上的伦理标准尚未建立，行业文化有待完善。此外，还有必要在法规之上制定更高要求的伦理标准[①]。因此，本案例将通过分析 JYKJ 信息披露违法违规案例，重点讨论证券市场虚假陈述中存在的上市公司伦理和金融服务业职业伦理问题，并提出相应的政策建议。

一、JYKJ 信息披露违法违规案例展示

（一）上市

JYKJ 股份有限公司成立于 1999 年，2009 年 10 月在深圳股票交易所挂牌上市。JYKJ 的主要经营业务为网络技术开发与服务、数字化网络终端产品等。

（二）虚增利润

2013 年，JYKJ 公司较大亏损。为此，2014 年，公司董事会定下了当年盈利 3000 万元的经营目标。为达到这一目标，公司不惜采用虚构不存在的客户、订立虚假合同、伪造金融机构票证、伪造物流单据等方式，增加账目利润。在 JYKJ 当年的利润表中，营业收入的虚增额高达 7000 多万元人民币，销售、管理和财务费用共计少记约 1300 万元人民币，最终虚增利润 8000 多万元人民币。由此，JYKJ 由 2013 年亏损转变为 2014 年的盈利。其中，在资产方面，2014 年年末 JYKJ 财报中显示，在其工商银行的账户余额为 2.19 亿元，虚增额高达 2.18 亿元，在资产中的占比高达 16%。此外，在预付款方面，JYKJ 通过虚构工程合同以及银行凭证，虚构了 3 亿多元的预付工程款。

在虚构利润的过程中，JYKJ 财务部门每季度将真实的财务数据和虚假财务数据同

---

① 约翰·博特赖特，王国林，译. 金融伦理学（第三版）[M]. 北京大学出版社，2018.

时报给公司董事长周某，由周某本人确定每季度的报表数额，根据周某确定的数额，财务部员工伪造凭证，虚增存款、存货等资产，并相应记账。简而言之，JYKJ 公司内部既有真实发生的财务数据用于经营管理，又有一套由周某亲自确定利润金额的伪造财务数据，用于对外公布，包括其 2014 年度合并财务报表。

（三）处罚与退市

2018 年 3 月，中国证券业监督管理委员会依法对 JYKJ 及相关责任人员作出行政处罚，其中包括对上市公司和责任人的双罚。按照法规适用的上限处罚规定，证监会对上市公司罚款 60 万元人民币，对董事长周某罚款 90 万元人民币，对其他多名直接责任人员也给予了处罚。

2018 年 6 月，证监会依法将相关人员涉嫌欺诈发行等犯罪问题移送公安机关。证监会表示，通过调查，发现 JYKJ 在 2009 年上市前一年，即 2008 年，在财务报表中虚增利润 3700 多万元，2009 年上半年再次虚增利润 2200 多万元。通过虚增收入虚增利润的方式，该公司骗取了证监会对其上市的核准。涉嫌欺诈发行股票罪。而相关的保荐机构、审计机构以及法律服务机构，都涉嫌参与其中，伪造相关文件。

2018 年 8 月，证监会对 JYKJ 2014 年年报的审计单位进行了行政处罚。

2019 年度，JYKJ 的年度审计报告中，审计师明确表示，"公司因涉嫌欺诈发行股票等违法行为，被中国证监会移送公安机关。相关部门的调查尚未有明确结论，该事项可能导致公司股票暂停上市或终止上市。"

2020 年 8 月，在 JYKJ 公司上市 11 年后，深圳证券交易所终止了该公司的股票交易，公司退市。

（四）外部审计

JYKJ 公司 2014 年财务报表的外审单位为 L 会计师事务所（L 所），该所在实施财务报表审计时，存在多项审计程序不当的问题，最终出具了标准无保留意见的审计报告。例如，该所在审计公司的银行存款时，既没有控制询证函，又没有对回函是否为伪造保持足够的关注与职业谨慎，导致未能发现回函为伪造这一事实，从而在审计中认可了该公司虚增的 2 亿多元银行存款。又如，该所对合同编号相同，合同缺少有权人的签字盖章等明显存在不正常的情况，均未提出异议。再如，对采购的函证中，近半数的函证的发函地址与相应的发票地址存在明显不一致，会计师却未予以关注。最终，2015 年，该所对 JYKJ 公司 2014 年财务报表出具了无保留意见的审计报告，签字注册会计师为邹某和程某。

二、对 JYKJ 信息披露违法违规案例的金融伦理学分析

根据伦理学的分析框架，伦理学包括福利、职责、权利、公正、诚信以及尊严六大要素[1]，市场的不完美是伦理发挥指引作用的前提[2]，完美市场中不存在信息隐瞒、虚假陈述、欺诈行为，但现实的证券市场中会不断出现信息披露违法违规案例，同时挑战着法律的容忍度和伦理的边界线。因此，对虚假陈述的界定，以及行为主体应如何披露哪些信息，既需要法律规定，也需要伦理规范。按照契约理论，公司是所有利益相关者之间的契约集合[3]，利益相关者理论也是企业伦理的核心分析框架[4]。同时，专业人士也是金融市场中重要的行为主体，金融是对职业伦理有较高要求的行业。因此，下文将主要从上市公司企业伦理和金融服务业职业伦理两方面来对 JYKJ 信息披露违法违规案例进行分析。

（一）上市公司企业伦理

JYKJ 披露的 2014 年年度报告虚假记载的行为，违反了《证券法》第六十三条有关"发行人、上市公司依法披露的信息，必须真实、准确、完整，不得有虚假记载、误导性陈述或者重大遗漏"的规定，构成《证券法》第一百九十三条所述"发行人、上市公司或者其他信息披露义务人未按照规定披露信息，或者披露的信息有虚假记载、误导性陈述或者重大遗漏"的行为。由于"欺诈发行股票"是我国《刑法》中规定的证券犯罪，故关于 JYKJ 涉嫌构成欺诈发行股票罪，已移送公安部门，周某因涉嫌欺诈发行股票罪，被刑拘。截至 2020 年年末，此案仍在审理中。证监会也因此案中涉及的欺诈发行和财务造假而将其列为 2018 年度 20 起典型案例。

---

[1] 约翰·博特赖特，王国林，译. 金融伦理学（第三版）[M]. 北京大学出版社，2018.
[2] 这一观点可参见 Joseph Heath, "A Market Failure to Business Ethics," Studies in Economic Ethics and Philosophy, 9 (2004), 69-89.
[3] 如罗纳德·科斯的企业契约理论。
[4] 巴曙松. 金融伦理通识[M]. 机械工业出版社，2020.

(二) 金融职业伦理

1. 独立董事

2010年9月～2015年12月，周LC任JYKJ股份有限公司独立董事，系JYKJ2014年年度报告签字独立董事。2015年4月1日，JYKJ董事会审议通过了2014年年度报告，周LC作为董事签字。同日周LC在《JYKJ股份有限公司董事、高级管理人员关于2014年年度报告的书面确认意见》上签字。对此，证监会认定周LC为JYKJ披露的2014年年度报告虚假记载的行为的直接责任人，对其予以警告并罚款。

JYKJ公司的案例并非独立董事涉案的个案，近年来，独立董事受到行政处罚的案例已接近百人次。究其原因，上市公司的信息披露违法事件是其中的重要因素，包括如JYKJ公司所涉及的虚增利润、虚增资产，还包括一系列应披露而未能及时披露的事项，如重大诉讼、对外担保、重大关联交易等等。值得关注的是，在行政处罚意见书下发之后，有数十位独立董事提出了申辩，表示其已经在履行独立董事职责的过程中尽到了应尽的责任与义务，并提出了诸如未直接参与经营，担任独立董事时间较短，相信注册会计师的专业意见等抗辩原因。然而，证监会并未采纳上述意见①，维持了行政处罚决定，从而在市场上强调了监管当局对于独立董事在保证上市公司信息披露质量方面的责任的监管要求。

2. 外部审计

根据证监会的行政处罚决定书（〔2018〕78号），JYKJ2014年年报的审计人员违反了《中国注册会计师审计准则第1312号——函证》以及《第1141号——财务报表审计中与舞弊相关的责任》的相关规定。证监会依据《证券法》第二百二十三条的规定，对L所实施了没收该业务收入，并处收入三倍金额的罚款；对签字的两位注册会计师邹JM、程J则给予警告以及各10万元人民币的罚款。会计师事务所和注册会计师应当勤勉尽责，充分履行其作为资本市场守门人的职责，应当具有专业能力，保持职业审慎，确保文件资料内容的真实准确和完整，确保不存在虚假记载。

三、思考与建议

一是完善法律法规，加大违规成本。上市公司信息披露制度的确立体现了《证券

---

① 汤欣. 谨慎对待独董的法律责任 [J]. 中国金融，2019 (03)：50 - 52.

法》公开、公平、公正的原则。在违规收益方面，在 JYKJ 的案例中，通过虚假陈述实现上市和不被退市，对于企业而言构成了财务舞弊的强大直接动力。在违规成本方面，虚假陈述在满足特定条件时将构成刑法中的欺诈罪，JYKJ 案例中涉及证券欺诈的部分尚未进行宣判，但此前的案例，如 ZHT 案，在证券虚假陈述案件刑事处罚中，首开有会计师事务所相关人员被处罚的先河[①]。在不构成刑事犯罪的部分，证监会对不知悉、未参与虚增利润行为，或者缺少专业背景而依赖中介机构的申辩，不认为是当然的免责行为，即在很多情况下，认定相关董事和高管在"虚假陈述"甚至"欺诈"中的直接责任。但对于外部审计，JYKJ 的案例显示，外审人员被认定为"未勤勉尽责"，即并无主观恶意的不谨慎，诚然，对于主观恶意的判断与认定有一定的难度，但有观点认为 JYKJ 外审人员从动机到表现上都体现出"故意疏忽"的迹象，证监会对其"未勤勉尽责"的处罚偏轻[②]。因此，为有效解决证券市场信息披露违法违规的问题，有必要健全包括行政处罚、民事性赔偿和刑事处罚在内的法律法规，切实加大违法违规的成本。

二是强化金融伦理，建立行业文化。对于证券行业，应强化金融伦理，建立行业合规文化，树立诚信、专业和稳健的行业形象，提升行业的受尊敬程度。对于金融专业人士，应具有专业化的知识体系，严格的行业自律标准，以及运用专业知识服务社会大众的责任，不仅应遵循技术标准，还应遵循伦理标准与行为准则，同时应通过制度安排解决执业过程中的利益冲突问题，以金融伦理为证券市场的健康发展保驾护航。

参考文献

[1] 约翰·博特赖特，王国林，译. 金融伦理学（第三版）[M]. 北京大学出版社，2018.

[2] Joseph Heath, "A Market Failure to Business Ethics," Studies in Economic Ethics and Philosophy, 9 (2004), 69 – 89.

[3] 巴曙松. 金融伦理通识 [M]. 机械工业出版社，2020.

---

① ZHT（福建）机械制造有限公司欺诈发行股票、债券罪案：上海市第一中级人民法院（2017）沪 01 刑初 112 号刑事判决书，卢汉旺等人欺诈发行债券：上海市高级人民法院（2018）沪刑终 22 号二审刑事裁定书。

② 卢芷旸. "勤勉尽责"庇护下的故意"疏忽"——以 L 审计 JYKJ 为例 [J]. 财会研究，2020（09）：55 – 60 + 80.

［4］汤欣. 谨慎对待独董的法律责任［J］. 中国金融，2019（03）：50－52.

［5］卢芷旸. "勤勉尽责"庇护下的故意"疏忽"——以L所审计JYKJ为例［J］. 财会研究，2020（09）：55－60＋80.

［6］陆岷峰，徐博欢. 互联网金融伦理秩序研究［J］. 武汉金融，2019（05）：72－76.

［7］袁康. 重新审思金融：金融公平理念的勃兴［J］. 财经问题研究，2018（01）：50－59.

［8］汲昌霖. 资本市场中的金融伦理体系构建——基于演化金融学的视角［J］. 现代经济探讨，2015（06）：60－64.

［9］孟科学，魏霄. 金融伦理卷入、决策惯性与市场价格稳定［J］. 财经科学，2014（07）：11－20.

案例 13

金融理财综合规划案例

周新辉　赵滢淳　白　惠[*]

本案例通过以赵先生一家的理财规划为例,较为全面地展示了包括教育规划、住房规划、购车规划、保险规划、投资规划、退休养老规划等在内的金融理财综合规划的基本方法与步骤,内容涵盖了生涯仿真表的制作、客户风险属性分析、理财目标敏感性分析、资产配置策略等理财方面的重要要素。

---

[*] 周新辉,女,经济学博士,上海立信会计金融学院,金融学院副教授,研究方向:资本市场与金融投资、宏观经济政策。赵滢淳,女,上海立信会计金融学院,金融学院本科生。白惠,女,上海立信会计金融学院,金融学院本科生。

金融理财（Finance Planning）是人们为了实现自己的生活目标，合理管理自身财务资源的一个过程，它贯穿于人们的一生。通俗而言，理财就是以"管钱"为中心，通过抓好攒钱、生钱、护钱三个环节，管理好现在和未来的现金流，让资产在保值的基础上实现稳步、持续的增值。理财的目标是建立一个财务安全健康的生活体系，实现人生各阶段的目标和理想，其最终目标是实现财务自由。

一、金融理财规划的基本内容

金融理财规划的总体目标是帮助客户实现财务安全和财务自由，其主要涉及以下几个方面的内容：现金规划、消费支出规划、教育规划、投资规划、住房规划、退休养老规划、税收筹划、财产分配与传承规划、风险管理与保险规划等。

二、金融理财规划的基本步骤

金融理财规划主要包含五大基本步骤：

（一）建立和界定与客户的关系

金融理财规划的第一步是建立和界定与客户的关系。在这一步中要注意创建与客户的信赖关系，使得客户愿意提供财务信息。

（二）收集客户信息，了解客户的理财目标和期望

金融理财规划的第二步是收集客户信息，了解客户的理财目标和期望。在这一步中，理财规划师需要制作全方位的理财规划问卷来了解客户的理财目标和期望，以及客户本身的信息，包括家庭成员年龄、关系、职业、健康状况、家庭资产负债信息、家庭收入支出的现金流量信息、保险及税负状况、投资组合明细等。

（三）分析评估客户财务状况及特殊需求

金融理财规划的第三步是分析评估客户的财务状况及特殊需求。在这一步中，理财规划师需要结合理财规划问卷所收集到的客户财务信息，制作成家庭资产负债表、收支储蓄表等个人家庭财务报表，并对其进行分析。理财规划师可以根据表13-1中

的财务指标合理范围对客户的财务状况进行对比,并提出改善建议。

表 13-1 家庭财务比率表

家庭财务比率	定义	合理范围
流动比率	流动资产/流动负债	2~10
资产负债率	总负债/总资产	20%~60%
紧急预备金倍数	流动资产/月支出	3~6
财务自由度	年理财收入/年支出	20%~100%
财务负担率	年本息支出/年收入	20%~40%
平均投资报酬率	年理财收入/生息资产	3%~10%
净值成长率	净储蓄/期初净值	5%~20%
净储蓄率	净储蓄/总收入	20%~60%
自由储蓄率	自由储蓄/总收入	10%~40%

(四) 制定并向客户提交个人理财规划方案

这是金融理财规划中最重要的一步,即根据上述几步中所掌握的信息数据,为客户制定并提交个人理财规划方案。在这一步中,金融理财规划师需要先根据当前的宏观经济环境设定基本假设参数,后做出理财方案决策。

首先,要根据宏观经济设定基本假设参数。在基本假设参数中,可以参考下述规则:通货膨胀率,依照当前通胀水平,算出合理的退休时生活费用;学费成长率,依照过去统计与未来趋势,估计各级公私立学校与留学的费用成长率;房屋折旧率与房价成长率,房屋未来价值 = 当前房价 × (1 − 折旧率 × N) × (1 + 房价成长率)N(N = 居住年数或投资年数);建议投资报酬率,根据建议的资产组合可算出合理的建议投资报酬率(依据全生涯模拟表测算 IRR);折现率,将未来目标折合当前现值时,折现率 = 投资报酬率 − 通货膨胀率;退休生活调整率,如客户未明确表示退休所需费用,可按退休前标准的 70% 估计;保险事故发生后家庭支出调整率,如客户未明确表示,可按保险事故发生前标准的 80% 估计。

其次,在设定的宏观经济基本假设参数的基础上进行理财方案决策,具体可分为以下几个基本步骤:

1. 制作各理财目标的生涯仿真表

生涯仿真表是以客户目前的家庭财务状况为基础,在各项参数假设条件下,考虑在未来不同的时间点客户家庭的各项现金流入和理财目标支出,动态地模拟该客户家庭未来的每年现金流（收支余额）的变化，以及累计的理财准备（可变现的生息资产）在各年度的情况，以测试各项理财目标的可实现性。因此，根据客户的财务状况和目标制作生涯仿真表可以帮助理财规划师更有效地制定理财方案。

生涯仿真表的制作一共有 6 步：

（1）通过之前制作的资产负债表，计算出可变现生息资产，确定期初的现金流量：CF_0 = 当前可运用的资金（扣除备用金之后可变现资产）。

（2）通过之前制作的收支储蓄表，得出目前家庭工作收入与消费支出金额，设定收入与支出增长率。

（3）结合设定的理财目标，计算所需金额。此处包括以下 4 个指标：几年以后开始实现理财目标，如 10 年以后的子女大学教育金（$N_1 = 10$）；实现理财目标所需的年需求额现值，如目前大学的年学费为 1 万元（$CF_0 = -10000$）；如果理财目标是分年实现，会持续多少年，如大学本科要念 4 年（$N_2 = 4$）；理财目标年需求额增长率（如学费增长率 $g = 5\%$）。

（4）计算当年净现金流量：NPV = 每年税后收入 − 每年生活支出 − 当年理财目标支出 − 当年负债本利摊还。

（5）计算内部报酬率 IRR：由期初现金流量与评估期间各期现金流量，计算出实现长期理财目标所需的 IRR。

（6）计算本期末累计理财准备金 = 上一期累计理财准备金 ∗（1 + IRR）+ 当期净现金流。

2. 依据风险属性进行资产配置

在风险属性的测算上，金融理财师应结合客户的家庭负担和主观风险偏好，采用风险矩阵分析来量化客户的风险承受能力和风险承受意愿，以此来评估确定客户的风险属性。其中，风险承受能力指标（Risk Capacity Index）可以依据年龄、就业状况、家庭负担、置产状况、投资经验和投资知识等估算得出；风险承受态度指标（Risk Attitude Index）可以依客户对本金可容忍的损失幅度及其他心理估测出来。

最后，理财规划师需结合所测算出来的客户风险属性，根据风险矩阵与投资组合建议表并参考各种投资工具的历史报酬率与风险收益，模拟出最有机会实现理财目标的核心投资组合，同时测算出投资组合的预期报酬率和标准差，并与目前的资产配置情况对比并进行相应调整。

3. 制作全生涯仿真表以及敏感性分析

全生涯仿真表是将之前所制作的各单个理财目标所对应的分项生涯仿真表整合起来所形成的一张汇总表，目的在于综合分析考察客户的各项理财目标同时达成的可能性及所需要的相应投资报酬率。

敏感性分析的目的是检验当通货膨胀率、收入成长率、投资报酬率、负债利率等重要敏感性因素发生较大变化时，对当前家庭财务状况及未来理财目标实现可能带来的影响。在敏感度分析中，一般固定三个变量，观察当第四个变量变动时，第五个变量所受的影响。通常被用来做敏感度分析的第四个变量为 r（利率、投资报酬率、折现率或通货膨胀率）。同时，敏感性分析的假设并非一成不变的，需要理财规划师根据客户的具体情况进行改变。

4. 制定理财规划结论和建议

理财规划结论是理财规划师在上述对客户财务状况及理财目标分析的基础上，提出的总体理财方案以及基本结论与理财建议。

（五）执行个人理财规划方案

金融理财规划的第五步是制定并向客户提交个人理财规划方案，并及时进行跟踪、监控、调整。图 13-1 为金融理财综合规划的基本流程。

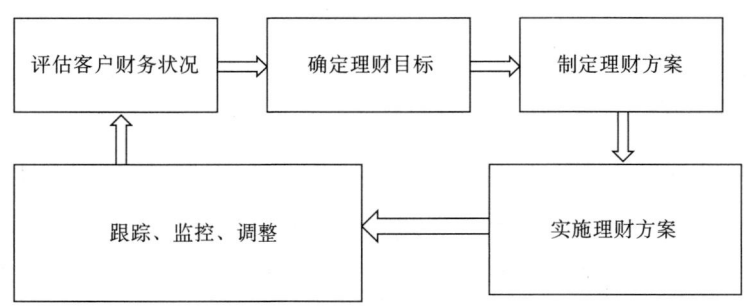

图 13-1　金融理财规划基本流程

三、案例情景：赵先生家庭的财务现状及理财需求

赵先生家正处于家庭成长期，目前一共有赵先生和白女士两位家庭成员，白女士现已怀孕，孩子预计明年出生。赵先生是外企公司财务经理，现已 30 岁，硕士毕业，工作 8 年。白女士，29 岁，外企公司审计经理，硕士毕业，工作 7 年。目前赵先生年

工资收入 25 万元，白女士年工资收入 30 万元，家庭理财收入 1 万元。赵先生目前年生活开销 5 万元，白女士 6 万元。双方父母目前每年赡养费各 1 万元。同时，他们计划未来给孩子每年的抚养费为 4 万元，并计划一直支付至 26 年后。

赵先生家庭的唯一住房是 1 年前购置的，地处松江区，目前市值 245 万元，首付由双方父母提供，使用商业贷款（贷款利率 4.9%）贷款了 171.5 万元，分 30 年本息摊还，并计划 2 年后换购一套相对靠近市区并且教育环境良好的二室住房。夫妻二人目前无车，打算孩子上学时购置一辆汽车。赵先生家流动资金（活期存款、定期存款、货币市场基金）30 万元，住房公积金余额赵先生现余约 7 万元，白女士 8 万元，双方均无补充公积金，职业年金暂不考虑。个人养老金账户赵先生约 9 万元，白女士 10 万元。同时，夫妻双方各有一份重疾险，赵先生年缴保费 0.3 万元，保额为 20 万元；白女士年缴保费 0.4 万元，保额为 25 万元。

四、案例分析：赵先生家庭的金融理财规划

（一）重要提示和金融假设

1. 重要提示

本理财规划是在了解客户家庭的基本财务状况及理财需求的基础上，综合考虑客户的现金流量、资产状况、理财目标和合理的经济预期而得出的。它仅为客户提供一般性的理财指引，不能保证分析过程中假设的投资收益和资产价值。

本理财规划书能够协助客户全面了解自己的财务状况，提供充分利用客户财务资源的建议，是一份指导客户达成其理财目标的手册，供客户在管理资产的决策中进行参考。

本理财规划中使用的数据大部分来源于现实情况，但由于未来的不可预知，部分数据仍然无法完全来源于实际，我们采用根据历史数据作出假设以及根据客户的自身情况加以假定两种方法来获取这类数据。鉴于基本资料的局限性，本理财规划的计算结果有可能与客户的真实情况存在一定的误差。

由于本理财规划书所采用的金融假设及客户的家庭情况都是有可能发生变化的，并且这些数据的采用会对客户的理财产生重要影响，所以我们强烈建议客户定期（特别是客户的收支情况和家庭成员发生变化时）检查并重新评估客户的理财规划，以便

适时地做出调整。

2. 金融假设

（1）社保缴费：基本养老保险费率个人 8%，进入个人账户；住房公积金费率个人和单位各承担一半（6%），公司和个人都进入个人账户。2019 年度上海市月平均工资 9339 元（为应对新冠疫情，2020 年 7 月 1 日后调整数目），社保缴费最高为社会平均工资的 300%（28017 元），最低为社会平均工资的 60%（4927 元）。

（2）购房首付与贷款利率：一年前赵先生购买现有住房时，未申请公积金贷款，全部是商业贷款，贷款 30 年期，利率 4.9%。假设 2 年后赵先生购买第二套房，按照上海现有政策申请公积金贷款 1 人参贷最高可贷 40 万元，2 人以上参贷最高可贷 80 万元。剩余申请商业贷款，公积金贷款利率 3.25%，商业贷款利率首套 4.9%，第二套则需要 6%。赵先生打算 2 年后购买第二套房，而目前上海购买第二套房普通住宅首付 50%，非普通住宅首付 70%。购房税费包括契税、所得税、增值税等（所得税和增值税等卖方通常会转嫁给买方承担，即现实交易中，双方通常约定，房屋成交价为卖方净到手价，所有税费均由买方承担）。假设赵先生拟购买的房产属于满五年唯一非普通住宅，不征收所得税，征收的增值税和契税大约相当于房屋成交价的 5%（均由赵先生承担）。

（3）投资报酬率：社保养老金，4%；住房公积金，2%。

（4）各项增长率：收入增长率，5%；退休前后支出增长率，5%；学费增长率，5%；房价增长率，2%；车价增长率，0%；养车费增长率，3%；社会平均工资增长率，5%；社保养老金增长率，5%；赡养费增长率，5%；商业贷款利率，6%。

（二）赵先生家庭的财务现状分析

1. 赵先生家庭基本信息

赵先生家庭成员基本信息如表 13 – 2 所示。

表 13 – 2   赵先生家庭成员基本信息

姓名	赵××	性别	男
出生年月	1989.01.01	职业	公司财务经理
婚姻状况	已婚		
联络电话		手机	
电子邮箱			

续表

通讯地址		邮政编码	
家庭成员	妻子：白女士	儿子：赵小×	
居住情况	自住√	租房	其他

2. 赵先生家庭资产负债情况

赵先生家庭资产负债情况如表13－3所示。

表13－3　　　　　　　　　　　赵先生家庭资产负债表　　　　　　　　　　单位：元

资产项目	资产金额	负债项目	负债金额	净值项目	金额
流动性资产	300000	消费负债	0	流动净值	300000
公积金账户余额	150000				
养老金账户余额	190000				
投资性资产	340000	投资负债	0	投资净值	340000
自用房产	2450000	自用房贷	1715000		
自用性资产	2450000	自用性负债	1715000	自用净值	735000
总资产	3090000	总负债	1715000	总净值	1375000

3. 赵先生家庭收入支出情况

赵先生家庭收入支出情况如表13－4所示。

表13－4　　　　　　　　　　　赵先生家庭收支储蓄表　　　　　　　　　　单位：元

收入项目	金额	支出项目	金额	储蓄项目	金额	储蓄运用	金额
工资	550000	家计支出	110000			基金定投	0
奖金	0	赡养费用	40000			储蓄型保费	0
劳务报酬	0	教育费	0				
工作收入（税后）	550000	生活支出	150000	工作储蓄	400000		
投资收入	10000	房贷利息支出	84035			资产增加	0
利息收入	0	保障型保费	7000			还房贷本金	26259.72
理财收入	10000	理财支出	91035	理财储蓄	－81035	负债减少	26259.72
总收入	560000	总支出	241035	总储蓄	318965	自由储蓄额	292705

4. 赵先生家庭商业保险

赵先生家庭商业保险购买情况如表 13-5 所示。

表 13-5　　　　　　赵先生家庭商业保险

被保险人	投保险种	保额（元）	年缴保费（元）	剩余期限	现金价值（元）	受益人
赵先生	重疾险	20 万	0.3 万	1 年	0	白女士
白女士	重疾险	25 万	0.4 万	1 年	0	赵先生

5. 赵先生家庭财务状况分析

赵先生家庭财务诊断如表 13-6 所示。

表 13-6　　　　　　赵先生家庭财务诊断

财务状况	评判指标	定义	评判标准	实际值	分析结论
家庭资产负债结构	清偿比率	净资产/总资产	≥50%	44.50%	较低
	资产负债率	总负债/总资产	20%~60%	55.50%	较高
资产应急能力与流动性	流动性比率	流动资产/流动负债	2~10	13.46	较高
	紧急预备金倍数	流动资产/每月固定支出	3~6 倍	13.46	偏高，可降低
财富积累与收支管理能力	财务负担率	年本息支出/年收入	20%~40%	19.70%	偏低
	自由储蓄率	自由储蓄/总收入	10%~40%	52.27%	偏高
	净储蓄率	净储蓄/总收入	20%~60%	56.96%	合理范围
投资增值能力	财务自由度	年理财收入/年总支出	20%~100%	4.15%	太低
	平均投资报酬率	年理财收入/生息资产	3%~10%	1.56%	太低
安全保障能力	保费负担率	保障性保费/年收入	5%~15%	1.27%	太低
	保险覆盖率	寿险保额/年工资收入	≥10	0	无寿险保障

通过表 13-6 中的财务指标分析，我们认为赵先生家庭财务状况存在一定的问题和风险：

（1）从家庭资产负债结构来看：资产负债率较高，清偿比率较低，表明赵先生家庭财务偿债能力弱，这也预示着一旦家庭中夫妻任何一方出现债务到期或收入下降的情况，就有可能产生资不抵债危机，从而给家庭的正常生活带来影响，但鉴于赵先生一家的风险承受能力为中高水平，其家庭目前的资产负债结构尚属合理。

（2）从资产应急能力与流动性来看：流动性比率和紧急预备金倍数都偏高，表明该家庭资产的流动性很强，但由于赵先生夫妇过于注重流动性而没有充分考虑资产的增值要求，也导致家庭投资收益较低。

（3）从财富积累与收支管理来看：该家庭的财务负担率、自由储蓄率、净储蓄率等指标都处于比较理想状态，表明该家庭的日常财务收支管理能力与财富积累能力都比较强，并不需要额外调整考虑。

（4）从投资增值能力来看：该家庭的财务自由度指标和平均投资报酬率均远低于合理范围，说明其财务投资增值能力较弱，投资结构有待完善，客户需要充分利用财务杠杆效应提高资产的整体收益。

（5）从安全保障能力来看：从上述表格中可以明显看出赵先生家庭的保险水平偏低，保障能力需大力加强。赵先生和白女士是家庭主要收入贡献者，但两人只投保重疾险，没有投保寿险、意外险和医疗保险等必须险种，保额也偏低。尽管孩子不是家庭收入贡献者，也还未出生，但是在未来的规划中重疾险、医疗险和意外险都有必要考虑，以防相应事故发生给家庭造成经济损失。

（三）赵先生家庭的理财目标

1. 子女教育规划

白女士现已怀孕，预计一年内有一个小孩。夫妻二人计划未来将小孩培养至硕士，计划每月让孩子额外参加培训班。

2. 赡养父母规划

赵先生父母家在上海，需要赡养，父亲65岁，按上海当地男性平均预期寿命80岁计算，还需要赡养15年；母亲65岁，按当地女性平均预期寿命85岁计算，还需要赡养20年，每人年赡养费增长至2万元，然后按照每年5%的增长率上涨。

白女士父母家在上海，需要赡养，父亲66岁，按当地男性平均预期寿命80岁计算，还需要赡养14年；母亲65岁，按当地女性平均预期寿命85岁计算，还需要赡养20年，每人年赡养费增长至2万元，然后按照每年5%的增长率上涨。

3. 保险规划

赵先生夫妇目前虽没有小孩，但是白女士已经怀孕，孩子将会在明年出生。目前家庭保险配置不完整，保费也比较低，所以赵先生打算增加保费支出，完善家庭保险配置。我们在给赵夫妇的保险规划中，不仅完善了赵夫妇二人的保险配置，也增加了未来小孩的保险配置，同时赵先生和赵太太已投保的险种与目前年缴保费已涵盖在年保费预算内。

4. 换房规划

赵先生目前居住的一室户位于上海郊区松江，为了孩子能享受更好的教育，同时考虑上班更便利，赵先生打算 2 年后换房到市中心地段，并且将目前的房子换为两居室，预算 620 万元，首付 50%。由于上海目前规定公积金二套房贷款 1 人最高贷款 40 万元，2 人最高贷款 80 万元，赵先生夫妻二人可以贷到 80 万公积金，剩余的为商业贷款。

5. 购车规划

为了提高生活品质，赵先生和白女士打算尽快购车，预算 30 万元，养车费每年 3.5 万元，持续使用 10 年后报废。同时，购车位 8 万元，上车牌 10 万元，均一次性付款。

6. 退休规划

赵先生预计 60 岁退休，白女士预计 55 岁退休，夫妻退休后生活费用现值赵先生为 9 万元，白女士为 10 万元。

（四）赵先生家庭的理财方案

1. 子女教育金规划与建议

（1）相关分析与建议。子女抚养和教育具有刚性需求，理财规划师参照赵先生夫妇的意愿，并结合市场状况做了相应规划。首先，根据调查，以现在的普通私立小学为例，每年的学杂经费共计 2 万元左右，并假设学杂经费以 5% 增长率计算，最终学杂费控制在 2~3 万元以内，对于夫妇二人不构成太大的经济压力，因此并不需要建立专门教育费用账户。

由于现在社会注重孩子的德智体美劳全面发展，因此，未来孩子从 5 岁（即 6 年后）开始便需要留出一定的资金参加各类兴趣班，根据《2019 中国新中产圈层白皮书》显示，子女教育已经成为新中产最关注的生活重点，过去一年新中产家庭用于子女教育的平均支出约为 9 万元，因此理财规划师为赵先生夫妇二人计划 10 万元作为教育培训费用，并每年按照 5% 的增长率增长，直到大学前。

（2）家庭教育支出模拟表。根据赵先生夫妇的子女教育金规划，按照学费以及其他培训班支出增长率 5% 进行计算可得到如表 13-7 所示有关的赵先生家庭未来 25 年的家庭教育支出仿真表。

表 13-7　　　　　　　　　　家庭教育支出仿真表　　　　　　　　　　单位：元

几年后	事件	学费支出	其他培训班支出	教育总支出
1		0	0	0
2		0	0	0
3		0	0	0
4		0	0	0
5		0	0	0
6		0	-100000	-100000
7	孩子上小学	-10000	-105000	-115000
8		-10500	-110250	-120750
9		-11025	-115763	-126788
10		-11576	-121551	-133127
11		-12155	-127628	-139783
12	孩子上初中	-11593	-134010	-145602
13		-12172	-140710	-152882
14		-12781	-147746	-160527
15		-13420	-155133	-168553
16	孩子上高中	-13048	-162889	-175937
17		-13700	-171034	-184734
18		-14385	-179586	-193971
19	孩子上大学	-14258	0	-14258
20		-14970	0	-14970
21		-15719	0	-15719
22		-16505	0	-16505
23	孩子读硕士	-16047	0	-16047
24		-16849	0	-16849
25		-17692	0	-17692

2. 赡养父母规划与建议

(1) 相关分析与建议：

其一，提高赡养费。父母赡养费具有刚性需求，且赵先生和白女士双方父母在去年二人购买第一套房时替赵先生和白女士出了首付。所以，为了保证双方父母养老生活正常，赵先生和白女士应该适当提高赡养费，由原来的每年4万元升为每年8万元，双方父母每人各2万元，并按照每年5%的增长率上涨。

其二，购置保障保险。为了避免赵先生和白女士双方父母可能遭遇的大病、意外等未知风险而财务状况受到重创的情况,建议赵先生和白女士可以为双方父母购买医疗重疾险、意外险等。又因为考虑到双方父母的年纪都在 65 岁以上,可参加的重疾险较少。所以,可以参考的是华泰中老年综合意外险(适合关注意外健康的老年人,包含意外骨折津贴,保额 10 万元,年缴 399 元)、E 生平安·防癌保(可以保到 80 岁,年费 1785 元),四人总计 8736 元一年(该保险一并算入保险生涯仿真表中)。

(2)家庭现金流入分析。根据赵先生夫妇目前的家庭收入情况,按照收入增长率 5% 进行计算可得到如表 13-8 所示有关的赵先生家庭未来 30 年的收入生涯仿真表。

表 13-8 　　　　　　　　家庭收入生涯仿真表　　　　　　　　单位:元

几年后(年)	男方工作收入	女方工作收入	家庭工作收入合计
0	250000	300000	550000
1	262500	315000	577500
2	275625	330750	606375
3	289406	347288	636694
4	303877	364652	668528
5	319070	382884	701955
6	335024	402029	737053
7	351775	422130	773905
8	369364	443237	812600
9	387832	465398	853231
10	407224	488668	895892
11	427585	513102	940687
12	448964	538757	987721
13	471412	565695	1037107
14	494983	593979	1088962
15	519732	623678	1143410
16	545719	654862	1200581
17	573005	687605	1260610
18	601655	721986	1323641
19	631738	758085	1389823
20	663324	795989	1459314
21	696491	835789	1532279
22	731315	877578	1608893
23	767881	921457	1689338
24	806275	967530	1773805

续表

几年后（年）	男方工作收入	女方工作收入	家庭工作收入合计
25	846589	1015906	1862495
26	888918	1066702	1955620
27	933364	0	933364
28	980032	0	980032
29	1029034	0	1029034
30	1080486	0	1080486

（3）家庭现金流出分析。根据赵先生夫妇目前的家庭支出情况，按照各项支出增长率5%进行计算，可得到下表13-9所示的赵先生家庭未来30年的持续性支出现金流量仿真表。

表13-9　　　　　　　　　家庭持续性支出现金流仿真表　　　　　　　　单位：元

几年后（年）	夫妻支出（元）	孩子支出（元）	男方父亲赡养支出（元）	男方母亲赡养支出（元）	女方父亲赡养支出（元）	女方母亲赡养支出（元）	持续支出（元）
0	-110000	0	-10000	-10000	-10000	-10000	-150000
1	-115500	0	-20000	-20000	-20000	-20000	-195500
2	-121275	-40000	-21000	-21000	-21000	-21000	-245275
3	-127339	-42000	-22050	-22050	-22050	-22050	-257539
4	-133706	-44100	-23153	-23153	-23153	-23153	-270416
5	-140391	-46305	-24310	-24310	-24310	-24310	-283936
6	-147411	-48620	-25526	-25526	-25526	-25526	-298133
7	-154781	-51051	-26802	-26802	-26802	-26802	-313040
8	-162520	-53604	-28142	-28142	-28142	-28142	-328692
9	-170646	-56284	-29549	-29549	-29549	-29549	-345127
10	-179178	-59098	-31027	-31027	-31027	-31027	-362383
11	-188137	-62053	-32578	-32578	-32578	-32578	-380502
12	-197544	-65156	-34207	-34207	-34207	-34207	-399527
13	-207421	-68414	-35917	-35917	-35917	-35917	-419503
14	-217792	-71834	-37713	-37713	-37713	-37713	-440479
15	-228682	-75426	-39599	-39599	0	-39599	-422904
16	-240116	-79197	0	-41579	0	-41579	-402471
17	-252122	-83157	0	-43657	0	-43657	-422594
18	-264728	-87315	0	-45840	0	-45840	-443724
19	-277965	-91681	0	-48132	0	-48132	-465910

续表

几年后（年）	夫妻支出（元）	孩子支出（元）	男方父亲赡养支出（元）	男方母亲赡养支出（元）	女方父亲赡养支出（元）	女方母亲赡养支出（元）	持续支出（元）
20	-291863	-96265	0	-50539	0	-50539	-489206
21	-306456	-101078	0	0	0	0	-407534
22	-321779	-106132	0	0	0	0	-427911
23	-337868	-111439	0	0	0	0	-449306
24	-354761	-117010	0	0	0	0	-471771
25	-372499	-122861	0	0	0	0	-495360
26	-391124	-129004	0	0	0	0	-520128
27	-410680	0	0	0	0	0	-410680
28	-431214	0	0	0	0	0	-431214
29	-452775	0	0	0	0	0	-452775
30	-475414	0	0	0	0	0	-475414

3. 保险规划与建议

（1）相关分析与建议。目前赵先生家庭年收入为55万元，赵先生计划增加保费预算完善家庭的保险配置方案，但是将保费支出控制在家庭可支配收入的10%以内，并且考虑到赵先生之后有小孩，需增加小孩的保险费用，按照"双十定律"我们给赵先生做了以下的保险配置方案：

①白女士：家庭第一经济支柱，为其配置的险种有定期寿险、意外险、重疾险、医疗险。为其配置的险种如下：定期寿险，弘康大白定期寿险（保险期限30年，保额100万元，缴费30年，年缴1200元）；重疾险，太平人寿金生康瑞重大疾病保险（保险期限终身，保额50万元，缴费20年，附加身故责任，年缴10400元）；医疗险，人保健康金福（保险期限1年，一般保额/恶性肿瘤保额100万元，年缴276元）；意外险，上海人寿小蜜蜂（保险期限1年，保额50万元，年缴125元）。白女士保费合计12001元。

②赵先生：家庭第二经济支柱，同样为其配置定期寿险、意外险、重疾险、医疗险，与白女士的险种一样，年缴保费合计14851元。

③未来子女：为其配置重疾险、医疗险、意外险。为其配置的险种如下：重疾险，百年人寿康惠保旗舰版（保险期限终身，保额50万，缴费29年，年缴1950元）；医疗险，众安保险尊享e生2020（保险期限1年，保额300万，年缴293元）；意外险，华泰保险护身符少儿意外险（保险期限1年，保额50万元，年缴204元）。保费合计2447元。

（2）保险支出生涯仿真表。根据赵先生夫妇目前的家庭保险支出规划，可得到如表 13-10 所示有关赵先生家庭未来 30 年的保险支出生涯仿真表。

表 13-10　　　　　　　　　　　保险支出生涯仿真表　　　　　　　　　　　单位：元

几年后（年）	男方保费	女方保费	未来小孩保费	父母双方保费	保费支出
0					
1	-14851	-12001	0	-8736	-35588
2	-14851	-12001	-2447	-8736	-38035
3	-14851	-12001	-2447	-8736	-38035
4	-14851	-12001	-2447	-8736	-38035
5	-14851	-12001	-2447	-8736	-38035
6	-14851	-12001	-2447	-8736	-38035
7	-14851	-12001	-2447	-8736	-38035
8	-14851	-12001	-2447	-8736	-38035
9	-14851	-12001	-2447	-8736	-38035
10	-14851	-12001	-2447	-8736	-38035
11	-14851	-12001	-2447	-8736	-38035
12	-14851	-12001	-2447	-8736	-38035
13	-14851	-12001	-2447	-8736	-38035
14	-14851	-12001	-2447	0	-29299
15	-14851	-12001	-2447	0	-29299
16	-14851	-12001	-2447	0	-29299
17	-14851	-12001	-2447	0	-29299
18	-14851	-12001	-2447	0	-29299
19	-14851	-12001	-2447	0	-29299
20	-14851	-12001	-2447	0	-29299
21	-14851	-12001	-2447	0	-29299
22	-14851	-12001	-2447	0	-29299
23	-14851	-12001	-2447	0	-29299
24	-14851	-12001	-2447	0	-29299
25	-14851	-12001	-2447	0	-29299
26	-14851	-12001	-2447	0	-29299
27	-14851	-12001	-2447	0	-29299
28	-14851	-12001	-2447	0	-29299
29	-14851	-12001	-2447	0	-29299
30	0	-12001	-2447	0	-14448

注：双方父母只能交至 80 周岁，未来孩子交至其 29 岁，赵先生交至 60 岁，白女士交至 60 岁。

4. 换房规划与建议

（1）相关分析与建议。根据理财需求，赵先生夫妇二人想要 2 年后换购一套房子。目前赵先生夫妇二人所住的房子市值为 275 万元，并且还有一定的贷款，且上海对于非普通住宅二套房管控严格，首付必须五成以上，一次性支出过高。从之前我们分析过的赵先生家庭财务状况可知，赵先生若要在近两年内购房会导致压力过大。并且一旦遇到夫妻双方一人失业的严峻情况，会给家庭生活水平带来打击，但赵先生夫妇又希望在孩子上小学前换到靠近市中心的地段去，所以我们建议赵先生夫妇可以适当推迟换房时间，在孩子上小学前的最后一年，也就是 6 年后再换房，总价控制在 620 万元，并按照实际情况和教育需求建议靠近新静安（原闸北）、杨浦五角场、虹口、普陀等地的 100～120 平方米的二室户，首付 50%，公积金贷款 80 万元，剩余部分可采用商业贷款。

赵先生年公积金缴存金额 = 25000×12×6%（个人公司各 6%）×2 = 30000 元，白女士年公积金缴存金额 = 300000×12×6%×2 = 36000 元。年增长率参照社会平均工资增长率 5%，分别持续到各自退休。目前公积金账户余额：赵先生 7 万元、白女士 8 万元，公积金存款利率 i = 2%，6 年后赵先生公积金账户余额终值 FV（2%，6，0，−70000，0）= 78831 元。白女士公积金账户余额终值 FV（2%，6，0，−80000，0）= 90093 元。6 年后出售房屋，假设房价就是卖方净到手价（上海房屋交易实务中，通常双方约定卖方应承担的所得税和增值税由买方承担）。

具体计划如下：房价 = FV（2%，6，0，−2450000，0）= 2759098 元；6 年内每年还款 PMT（4.9%，30，1715000，0）= −110295 元；3 年后剩余本金 = PV（4.9%，24，110295）= −1536836 元。

6 年后购房 620 万元首付 50% 为 310 万元，房价增长率 g = 2%；6 年后首付 = FV（2%，6，0，3100000，0）= 3491103.5 元，贷款 50% = FV（2%，6，0，3100000，0）= −3491103.5 元。从第 7 年开始每年供款，其中公积金贷款上海二套房最高额度 800000 元贷足，贷款利率 3.5%，贷款期限选择 30 年，PMT（3.5%，30，800000）= −43497.07 元，剩余商业贷款 2691103 元，贷款利率 6%，贷款期限同样选择 30 年，PMT（6%，30，2691103）= −195505.74 元，合计每年还款 239002.81 元，均采用等额本息还款，30 年保持不变，期初费用包括增值税和契税（选择满五唯一住宅，不征收所得税，减轻税负），两项合计为房价的 5%，CF_0 = 5000000×5% = 250000 元。

（2）换房支出生涯仿真表。根据赵先生夫妇家庭的换房目标和计划计算、可得到如表 13-11 和表 13-12 所示的有关的赵先生家庭换房计划表和未来 36 年的换房生涯仿真表。

表 13-11 换房计划表

项目	金额（元）	项目	金额（元）
社会平均工资增长率	5%	6 年后购房	6200000
公积金存款利率	2.0%	首付比例	50%
		6 年后首付（50%）	3491103.5
赵先生年公积金缴存金额	30000	贷款总金额（50%）	3491103
赵先生目前公积金账户余额	70000	贷款期限/年	30 年
6 年后赵先生公积金账户余额终值	78831	公积金贷款金额	800000
白女士目前公积金账户余额	80000	贷款利率（公积金贷款）	3.50%
6 年后白女士公积金账户余额终值	90093	公积金年还款额	43497.07
6 年后旧房售价	2759098	商业贷款金额	2691103
6 年内每年还贷额	110295	贷款利率（商业贷款）	6.0%
6 年后剩余本金	1536836	商业贷款年还款额	195505.74
房价增长率 g	2%	年还贷款合计	239002.81
		换房费用 CF0	250000

表 13-12 换房生涯仿真表 单位：元

几年后（年）	男方公积金缴存	男方公积金账户	女方公积金缴存	女方公积金账户	出售旧房	旧房房贷	房贷清偿	新房首付	新房房贷	期初费用	换房支出
CF0	30000	70000	36000	80000	2450000	-110295	-1536836	-4340000	-239003	-250000	
1	31500	0	37800	0	0	-110295	0	0	0	0	-40995
2	33075	0	39690	0	0	-110295	0	0	0	0	-37530
3	34729	0	41675	0	0	-110295	0	0	0	0	-33891
4	36465	0	43758	0	0	-110295	0	0	0	0	-30071
5	38288	0	45946	0	0	-110295	0	0	0	0	-26060
6	40203	78831	48243	90092.9	2759097.9	-110295	-1536836	-3491103	0	-281541	-2403307
7	42213	0	50656	0	0	0	0	0	-239003	0	-146134
8	44324	0	53188	0	0	0	0	0	-239003	0	-141491
9	46540	0	55848	0	0	0	0	0	-239003	0	-136615
10	48867	0	58640	0	0	0	0	0	-239003	0	-131496
11	51310	0	61572	0	0	0	0	0	-239003	0	-126120
12	53876	0	64651	0	0	0	0	0	-239003	0	-120476
13	56569	0	67883	0	0	0	0	0	-239003	0	-114550

续表

几年后(年)	男方公积金缴存	男方公积金账户	女方公积金缴存	女方公积金账户	出售旧房	旧房房贷	房贷清偿	新房首付	新房房贷	期初费用	换房支出
14	59398	0	71278	0	0	0	0	0	−239003	0	−108327
15	62368	0	74841	0	0	0	0	0	−239003	0	−101794
16	65486	0	78583	0	0	0	0	0	−239003	0	−94933
17	68761	0	82513	0	0	0	0	0	−239003	0	−87730
18	72199	0	86638	0	0	0	0	0	−239003	0	−80166
19	75809	0	90970	0	0	0	0	0	−239003	0	−72224
20	79599	0	95519	0	0	0	0	0	−239003	0	−63885
21	83579	0	100295	0	0	0	0	0	−239003	0	−55129
22	87758	0	105309	0	0	0	0	0	−239003	0	−45936
23	92146	0	110575	0	0	0	0	0	−239003	0	−36282
24	96753	0	116104	0	0	0	0	0	−239003	0	−26146
25	101591	0	121909	0	0	0	0	0	−239003	0	−15503
26	106670	0	128004	0	0	0	0	0	−239003	0	−4328
27	112004	0	0	0	0	0	0	0	−239003	0	−126999
28	117604	0	0	0	0	0	0	0	−239003	0	−121399
29	123484	0	0	0	0	0	0	0	−239003	0	−115519
30	129658	0	0	0	0	0	0	0	−239003	0	−109345
31	0	0	0	0	0	0	0	0	−239003	0	−239003
32	0	0	0	0	0	0	0	0	−239003	0	−239003
33	0	0	0	0	0	0	0	0	−239003	0	−239003
34	0	0	0	0	0	0	0	0	−239003	0	−239003
35	0	0	0	0	0	0	0	0	−239003	0	−239003
36	0	0	0	0	0	0	0	0	−239003	0	−239003

5. 购车规划与建议

（1）相关分析与建议。由于赵先生夫妇已经打算在6年后换购房产，且夫妇二人购置房产的首付较高，开支巨大，并且赵先生夫妇对购买车辆的品质也有较高要求，所以如果夫妇二人在第6年或之前几年购车压力较大，容易出现多年资不抵债的情况。因此，理财规划师建议赵先生夫妇二人可以在第7年的时候购车，并采用3年零利率分期付款的方式。同时，建议将车子的总价控制在30万元以内，这样既能够满足用车接送孩子上下学的需求，也可以缓解部分压力。同时，牌照10万元，每年养车费3.5万元左右，车位费8万元。养车费及车位价格增长率为3%。

（2）购车支出生涯仿真表。根据赵先生夫妇的购车规划，按照各项支出增长率5%进行计算，可得到如表13-13所示有关的赵先生夫妇家庭未来17年的换车支出生涯仿真表。

表13-13　　　　　　　　　　换车支出生涯仿真表　　　　　　　　　　单位：元

几年后（年）	购车	购车牌	购车位	养车费	购车支出
0			-80000	-35000	
1	0	0	0	0	0
2	0	0	0	0	0
3	0	0	0	0	0
4	0	0	0	0	0
5	0	0	0	0	0
6	0	0	0	0	0
7	-100000	-100000	-98389.91	-43046	-341435
8	-100000	0	0.00	-44337	-144337
9	-100000	0	0	-45667	-145667
10	0	0	0	-47037	-47037
11	0	0	0	-48448	-48448
12	0	0	0	-49902	-49902
13	0	0	0	-51399	-51399
14	0	0	0	-52941	-52941
15	0	0	0	-54529	-54529
16	0	0	0	-56165	-56165
17	0	0	0	-57850	-57850

6. 养老金规划与建议

（1）相关分析与建议。赵先生夫妇二人希望退休后生活质量不能低于现在，因此对于二人的养老金计划可做如下分析：

退休后基本养老金包括基础养老金和个人养老金账户两部分，为便于计算，本案例假定工资增长率与社会平均工资增长率均为5%，养老金增长率5%，社保养老金投资收益率4%，养老保险费率8%，假设养老保险费年底一次性缴纳。

①退休后每月基础养老金=全市上年度在岗职工月平均工资*（1+本人平均缴费指数）/2*缴费年限*1%。本人平均缴费指数=本人现月平均工资/本地区社会平均

工资。缴费年限为本人从参加工作开始到退休时的累计工龄,赵先生和白女士均从22岁开始工作,赵先生缴费年限为39年,白女士为34年。综上所述,根据金融假设2019年度上海市月平均工资9339元,可计算得到:

赵先生平均缴费指数 = 250000/12/9339 = 2.23;白女士平均缴费指数 = 300000/12/9339 = 2.68。

赵先生退休后首年基础养老金 = 9339 * (1 + 5%)^{30} * (1 + 250000/12/9339)/2 * 39 * 1% = 25429;

白女士退休后首年基础养老金 = 9335 * (1 + 5%)^{26} * (1 + 300000/12/9339)/2 * 34 * 1% = 20748。

②个人账户养老金 = 个人账户累计储存额/计发月数。根据个人账户养老金计发月数表13 - 14可知,赵先生的计发月数为139个月,白女士的计发月数为170个月。

表 13 - 14　　　　　　　　　个人账户养老金计发月数表

退休年龄	计发月数	退休年龄	计发月数	退休年龄	计发月数	退休年龄	计发月数
40	233	48	204	56	164	64	109
41	230	49	199	57	158	65	101
42	226	50	195	58	152	66	93
43	223	51	190	59	145	67	84
44	220	52	185	60	139	68	75
45	216	53	180	61	132	69	65
46	212	54	175	62	125	70	56
47	208	55	170	63	117		

综上所述,赵先生首年个人账户养老金 = FV (4%, 30, - 250000/12 * 8% * 12, - 90000, 0)/139 = 10170元;白女士个人账户养老金 = FV (4%, 26, - 300000/12 * 8% * 12, - 100000, 0)/170 = 7887元。由此可以得出赵先生夫妇的退休首年收支现金流表13 - 15。

(2) 养老支出生涯仿真表。根据上述赵先生家庭的养老规划,按照各项养老金和养老支出5%的增长率可得如表13 - 16所示有关的赵先生夫妇家庭未来56年的养老金生涯仿真表。

表 13-15　　　　　　　　　　　　退休首年收支现金流　　　　　　　　　　　　单位：元

项目	赵先生退休养老金			白女士退休养老金			男方养老支出	女方养老支出	养老支出
N_1	30	30	30	26	26	26	30	26	
	基础养老金/月	个人账户养老金/月	总养老金/年	基础养老金	个人账户养老金	总养老金/年			
CF_0	25429	10170	427181	20748	7887	343613	388975	355567	
N_2	20	20	20	30	30	30	20	30	
g			5%			5%	5%	5%	

注：为便于计算，本案例假定：通胀率＝养老金增长率＝5%，故此处只需考虑养老金的投资报酬率4%。

表 13-16　　　　　　　　　　　　养老金生涯仿真表　　　　　　　　　　　　单位：元

几年后（年）	男方养老金	女方养老金	男方养老支出	女方养老支出	养老总支出
0					
1	0	0	0	0	0
2	0	0	0	0	0
……	0	0	0	0	0
26	0	343613	0	-355567	-11954
27	0	360794	0	-373346	-12552
28	0	378834	0	-392013	-13179
29	0	397775	0	-411614	-13838
30	427181	417664	-388975	-432194	23676
31	448540	438547	-408424	-453804	24860
32	470967	460475	-428845	-476494	26103
33	494515	483499	-450287	-500319	27408
34	519241	507674	-472801	-525335	28779
35	545203	533057	-496441	-551602	30218
36	572463	559710	-521263	-579182	31728
37	601087	587696	-547327	-608141	33315
38	631141	617080	-574693	-638548	34981
39	662698	647934	-603428	-670475	36730
40	695833	680331	-633599	-703999	38566
41	730625	714348	-665279	-739199	40494
42	767156	750065	-698543	-776159	42519
43	805514	787568	-733470	-814967	44645
44	845789	826947	-770144	-855715	46877
45	888079	868294	-808651	-898501	49221

续表

几年后（年）	男方养老金	女方养老金	男方养老支出	女方养老支出	养老总支出
46	932483	911709	-849083	-943426	51682
47	979107	957294	-891537	-990597	54266
48	1028062	1005159	-936114	-1040127	56980
49	1079465	1055417	-982920	-1092133	59829
50	0	1108188		-1146740	62820
51	0	1163597	0	-1204077	-40480
52	0	1221777	0	-1264281	-42504
53	0	1282866	0	-1327495	-44629
54	0	1347009	0	-1393870	-46861
55	0	1414359	0	-1463563	-49204

7. 风险属性分析及资产配置策略

（1）风险属性分析。依据风险属性进行资产配置，首先需从风险承受能力和风险承受态度两个维度来测试客户的风险属性，再依据风险矩阵表进行资产配置。本案例中，理财规划师根据与赵先生夫妇的沟通及问卷调查来测试其风险承受能力和风险承受态度，分别得到表13-17、表13-18。

表13-17　　　　　　　　　投资者的风险承受能力评分

分数	10分	8分	6分	4分	2分	客户得分
年龄	总分50分，25岁以下者50分，每多1岁少1分，75岁以上者0分					44
收入情况	较高收入	一般收入	提成收入	做小生意	退休或下岗	8
经济负担	无负担	双薪无子	双薪有子	单薪有子	单薪养三代	6
资产情况	投资房产	自宅无贷	按揭<50%	按揭>50%	无自宅，租屋	4
投资经验	10年以上	6~10年	2~5年	1年以内	无	6
投资知识	专业人士	投资老手	还可以	新手上路	无	6
总分						74

表13-18　　　　　　　　　投资者的风险承受态度测试

分数	10分	8分	6分	4分	2分	客户得分
忍受亏损（%）	不能容忍任何损失0分，每增加1%加2分，可容忍>25%得50分					20
报酬期望	25%以上	15%~25%	10%~15%	5%~10%	高于定存	6
风险报酬	很清楚	还算懂	好像听过	不熟悉	无所谓	8
万一赔钱	当成学习	平常心	影响情绪	难以接受	睡不着觉	6

续表

分数	10分	8分	6分	4分	2分	客户得分
关心行情	放着就好	偶尔看看	每周一次	每天一次	时时盯盘	4
投资绩效	完全掌握	部分掌握	依靠专家	靠运气	毫无把握	8
总分						52

表 13 – 19　　　　　　　　　　投资者的风险属性评级

20分以下	20～39分	40～59分	60～79分	80分以上
低承受能力	中低承受能力	中承受能力	中高承受能力	高承受能力
低承受态度	中低承受态度	中承受态度	中高承受态度	高承受态度

结合表 13 – 17、表 13 – 18 中对赵先生夫妇的风险承受能力和风险承受态度的分析评估，并对照表 13 – 19 的投资者风险属性评级标准，可知赵先生夫妇的风险属性为：中高承受能力和中承受态度。

（2）资产配置策略。首先，根据赵先生的风险属性评分结果，对照表 13 – 20 的风险矩阵表，可找到比较适合赵先生家庭的大类资产配置组合为：货币 0% + 债券 40% + 股票 60%。

表 13 – 20　　　　　　　　　　风险矩阵表

风险承受态度	风险承受能力 工具	低 0～19分	中低 20～39分	中 40～59分	中高 60～79分	高 80～100分
低 0～19分	货币	70%	50%	40%	20%	0%
	债券	20%	40%	40%	50%	50%
	股票	10%	10%	20%	30%	50%
	预期报酬率	3.59%	3.76%	4.36%	5.05%	6.25%
	标准差	1.81%	1.84%	3.74%	5.68%	9.54%
中低 20～39分	货币	50%	40%	20%	0%	0%
	债券	40%	40%	50%	50%	40%
	股票	10%	20%	30%	50%	60%
	预期报酬率	3.76	4.36	5.05	6.25	6.76
	标准差	1.84%	3.74%	5.68%	9.54%	11.45%
中 40～59分	货币	40%	20%	0%	0%	0%
	债券	40%	50%	50%	40%	30%
	股票	20%	30%	50%	60%	70%
	预期报酬率	4.36%	5.05%	6.25%	6.76%	7.27%
	标准差	3.74%	5.68%	9.54%	11.45%	13.37%

续表

<table>
<tr><th></th><th>风险承受能力</th><th>低</th><th>中低</th><th>中</th><th>中高</th><th>高</th></tr>
<tr><td rowspan="5">中高
60~79 分</td><td>货币</td><td>20%</td><td>0%</td><td>0%</td><td>0%</td><td>0%</td></tr>
<tr><td>债券</td><td>50%</td><td>50%</td><td>40%</td><td>30%</td><td>20%</td></tr>
<tr><td>股票</td><td>30%</td><td>50%</td><td>60%</td><td>70%</td><td>80%</td></tr>
<tr><td>预期报酬率</td><td>5.05%</td><td>6.25%</td><td>6.76%</td><td>7.27%</td><td>7.78%</td></tr>
<tr><td>标准差</td><td>5.68%</td><td>9.45%</td><td>11.45%</td><td>13.37%</td><td>15.29%</td></tr>
<tr><td rowspan="5">高
80~100 分</td><td>货币</td><td>0%</td><td>0%</td><td>0%</td><td>0%</td><td>0%</td></tr>
<tr><td>债券</td><td>50%</td><td>40%</td><td>30%</td><td>20%</td><td>10%</td></tr>
<tr><td>股票</td><td>50%</td><td>60%</td><td>70%</td><td>80%</td><td>90%</td></tr>
<tr><td>预期报酬率</td><td>6.25%</td><td>6.76%</td><td>7.27%</td><td>7.78%</td><td>8.29%</td></tr>
<tr><td>标准差</td><td>9.54%</td><td>11.45%</td><td>13.37%</td><td>15.29%</td><td>17.20%</td></tr>
</table>

注：本表数据来源于《金融理财综合规划案例》（北京当代金融培训有限公司，2019 年 7 月，46 页表 2-27）

其次，参考市场上各种投资工具的历史报酬率与风险，模拟出最有机会实现理财目标的核心投资组合，并测算出投资组合的预期报酬率和标准差，得到合适赵先生家庭的具体资产配置方案，见表 13-21。

表 13-21　　　　　　　　　　赵先生家庭的资产配置方案

项目	得分	投资工具	预期报酬率	标准差	相关系数
风险承受能力	72	货币	2.81%	0.57%	0.46（货币与债券）
风险承受态度	52	债券	3.69%	0.63%	-0.36（债券与股票）
最高报酬率	21.33%	股票	8.80%	19.12%	-0.08（货币与股票）
最低报酬率	-7.80%	投资组合	6.76%	11.38%	

其中，最高报酬率 = 平均报酬率 + n * 标准差，最低报酬率 = 平均报酬率 - n * 标准差，此处取 n = 1.28，对应概率约为 80%。赵先生家庭的资产配置建议为：债券投资 40% + 股票投资 60% = 40% * 3.69% + 60% * 8.80% = 6.76%，投资报酬率 = [-7.80%, 21.33%]。

然后，将新的资产配置方案与目前赵先生家庭的资产配置情况进行对比，调整得出表 13-22。目前，家庭流动资产 300000 元，保留家庭年支出的 25% 作为紧急预备金，即为：241035 × 25% = 60258（元），将其配置在活期存款或货币市场基金均可。期初累积理财准备 = 300000 - 60258 = 239742（元），配置债券 40% 和股票 60%，即债券和股票分别为 95896.5 元和 143844.75 元。最后，根据风险矩阵表，虽然货币资产配置比率为 0，但是考虑到流动性需求，还是要配置 60258 元的货币类资产作为家庭的紧急预备金。

表 13-22　　　　　　　　　　调整前后资产配置组合对比　　　　　　　　　　单位：元

投资工具	目前金额	建议金额	调整金额
货币	300000	0	-300000
债券	0	95896.5	95896.5
股票	0	143844.75	143844.75
紧急预备金	0	60258.75	60258.75
合计	300000	300000	

8. 理财规划预测

（1）全理财目标生涯仿真分析。根据赵先生夫妇所有的理财目标规划，可得出未来 55 年赵先生家庭的全生涯仿真表 13-23。其中第 1 年的净现金流为 30 万元的流动资金减去紧急预备金 60258.75 元。同时，分别按照无风险利率（2.81%）和投资组合平均报酬率（6.76%）两种方式来计算每年度的累计理财准备金，以此来观察理财方案是否合理可行。该部分有以下几个关键点：

①计算当年的净现金流量：NPV = 每年税后收入 - 每年生活支出 - 当年理财目标支出 - 当年负债本利摊还。

②计算内部报酬率 IRR：由期初现金流量与评估期间各期现金流量，可算出实现长期理财目标所需的 IRR。

③计算本期末累计理财准备金 = 上一期累计理财准备金 * （1 + IRR）+ 当期净现金流

需特别注意的是，最后一期的生息资产应一定为 0（IRR 是使一生的现金流入刚好等于现金流出的投资报酬率）。

表 13-23　　　　　　　　　　赵先生家庭的全生涯仿真表　　　　　　　　　　单位：元

									用内部报酬率计算	用无风险利率计算（2.81%）	用投资组合风险报酬率计算（6.76%）
几年后（年）	工作收入	持续支出	教育总支出	保费支出	换房支出	购车支出	养老支出	净现金流	累计理财准备（元）	累计理财准备（元）	累计理财准备（元）
0		-150000						239741	239741	239741	239741
1	577500	-195500	0	-35588	-40995	0	0	305417	#NUM!	551895	561365
2	606375	-245275	0	-38035	-37530	0	0	285535	#NUM!	852939	884849

续表

几年后(年)	工作收入	持续支出	教育总支出	保费支出	换房支出	购车支出	养老支出	净现金流	用内部报酬率计算 累计理财准备（元）	用无风险利率计算(2.81%) 累计理财准备（元）	用投资组合风险报酬率计算(6.76%) 累计理财准备（元）
3	636694	−257539	0	−38035	−33891	0	0	307229	#NUM!	1184135	1251893
4	668528	−270416	0	−38035	−30071	0	0	330006	#NUM!	1547416	1666527
5	701955	−283936	0	−38035	−26060	0	0	353923	#NUM!	1944821	2133108
6	737053	−298133	−100000	−38035	−2403307	0	0	−2102422	#NUM!	−102952	174884
7	773905	−313040	−115000	−38035	−146134	−341435	0	−179739	#NUM!	−285584	6966
8	812600	−328692	−120750	−38035	−141491	−144337	0	39296	#NUM!	−254313	46733
9	853231	−345127	−126788	−38035	−136615	−145667	0	60999	#NUM!	−200460	110891
10	895892	−362383	−133127	−38035	−131496	−47037	0	183814	#NUM!	−22279	302202
11	940687	−380502	−139783	−38035	−126120	−48448	0	207798	#NUM!	184893	530429
12	987721	−399527	−145602	−38035	−120476	−49902	0	234179	#NUM!	424267	800464
13	1037107	−419503	−152882	−38035	−114550	−51399	0	260737	#NUM!	696927	1115313
14	1088962	−440479	−160527	−29299	−108327	−52941	0	297390	#NUM!	1013901	1488099
15	1143410	−422904	−168553	−29299	−101794	−54529	0	366332	#NUM!	1408723	1955026
16	1200581	−402471	−175937	−29299	−94933	−56165	0	441776	#NUM!	1890085	2528963
17	1260610	−422594	−184734	−29299	−87730	−57850	0	478404	#NUM!	2421600	3178324
18	1323641	−443724	−193971	−29299	−80166	0	0	576481	#NUM!	3066128	3969660
19	1389823	−465910	−14258	−29299	−72224	0	0	808132	#NUM!	3960418	5046141
20	1459314	−489206	−14970	−29299	−63885	0	0	861954	#NUM!	4933659	6249213
21	1532279	−407534	−15719	−29299	−55129	0	0	1024598	#NUM!	6096894	7696258
22	1608893	−427911	−16505	−29299	−45936	0	0	1089243	#NUM!	7357459	9305769
23	1689338	−449306	−16047	−29299	−36282	0	0	1158404	#NUM!	8722608	11093242
24	1773805	−471771	−16849	−29299	−26146	0	0	1229739	#NUM!	10197452	13072885
25	1862495	−495360	−17692	−29299	−15503	0	0	1304641	#NUM!	11788641	15261253
26	1955620	−520128	0	−29299	−4328	0	−11954	1389911	#NUM!	13509813	17682824
27	933364	−410680	0	−29299	−126999	0	−12552	353834	#NUM!	14243273	19232017
28	980032	−431214	0	−29299	−121399	0	−13179	384941	#NUM!	15028450	20917042
29	1029034	−452775	0	−29299	−115519	0	−13838	417603	#NUM!	15868352	22748638
30	1080486	−475414	0	−14448	−109345	0	23676	504956	#NUM!	16819209	24791401
31	0	0	0	0	−239003	0	24860	−214143	#NUM!	17077686	26253157
32	0	0	0	0	−239003	0	26103	−212900	#NUM!	17344669	27814971
33	0	0	0	0	−239003	0	27408	−211595	#NUM!	17620460	29483668

续表

全生涯仿真									用内部报酬率计算	用无风险利率计算(2.81%)	用投资组合风险报酬率计算(6.76%)
几年后(年)	工作收入	持续支出	教育总支出	保费支出	换房支出	购车支出	养老支出	净现金流	累计理财准备（元）	累计理财准备（元）	累计理财准备（元）
34	0	0	0	0	-239003	0	28779	-210224	#NUM!	17905370	31266540
35	0	0	0	0	-239003	0	30218	-208785	#NUM!	18199726	33171373
36	0	0	0	0	-239003	0	31728	-207274	#NUM!	18503864	35206483
37	0	0	0	0	0	0	33315	33315	#NUM!	19057137	37619756
38	0	0	0	0	0	0	34981	34981	#NUM!	19627623	40197832
39	0	0	0	0	0	0	36730	36730	#NUM!	20215889	42951935
40	0	0	0	0	0	0	38566	38566	#NUM!	20822522	45894052
41	0	0	0	0	0	0	40494	40494	#NUM!	21448129	49036985
42	0	0	0	0	0	0	42519	42519	#NUM!	22093340	52394404
43	0	0	0	0	0	0	44645	44645	#NUM!	22758808	55980911
44	0	0	0	0	0	0	46877	46877	#NUM!	23445208	59812098
45	0	0	0	0	0	0	49221	49221	#NUM!	24153240	63904617
46	0	0	0	0	0	0	51682	51682	#NUM!	24883628	68276251
47	0	0	0	0	0	0	54266	54266	#NUM!	25637124	72945992
48	0	0	0	0	0	0	56980	56980	#NUM!	26414507	77934121
49	0	0	0	0	0	0	59829	59829	#NUM!	27216583	83262296
50	0	0	0	0	0	0	-38552	-38552	#NUM!	27942817	88852275
51	0	0	0	0	0	0	-40480	-40480	#NUM!	28687530	94818208
52	0	0	0	0	0	0	-42504	-42504	#NUM!	29451146	101185415
53	0	0	0	0	0	0	-44629	-44629	#NUM!	30234094	107980920
54	0	0	0	0	0	0	-46861	-46861	#NUM!	31036811	115233570
55	0	0	0	0	0	0	-49204	-49204	#NUM!	31859742	122974155
							IRR =	#NUM!		2.81%	6.76%

本案例中，使用 Excel 表中调出 IRR 函数后，发现内部报酬率 IRR 无法计算出来。在该情况下，我们以无风险收益率 RF=2.81% 来进行计算，结果发现第 6~10 年的累计理财准备为负数，表明这 5 年的累计理财准备无法满足相应的全部支出需求，理财目标难以全部实现。进一步，我们以风险属性投资报酬率 ROI=6.76% 来计算，发现此时赵先生夫妇家庭所有年度的理财准备均为正数，表明全部理财目标可以实现。因此，本理财方案是可行的！

（2）理财目标敏感性分析。由于本案例中影响赵先生家庭的最大不确定性因素是投资报酬率，因此，我们接下来将主要对该因素进行敏感性分析。根据前面的赵先生家庭的全生涯仿真表13-22，我们将投资报酬率分 ROI = 3% ~ 10% 八档来分析不同投资报酬水平对理财方案的影响，并得到下面的敏感性分析表13-24。

表13-24　　　　　　　客户不同投资报酬率下的敏感性分析

几年后（年）	ROI = 3% 累计理财准备（元）	ROI = 4% 累计理财准备（元）	ROI = 5% 累计理财准备（元）	ROI = 6% 累计理财准备（元）	ROI = 7% 累计理财准备（元）	ROI = 8% 累计理财准备（元）	ROI = 9% 累计理财准备（元）	ROI = 10% 累计理财准备（元）
0	239741	239741	239741	239741	239741	239741	239741	239741
1	552351	554748	557146	559543	561940	564338	566735	569133
2	854457	862473	870538	878651	886812	895020	903277	911581
3	1187319	1204201	1221294	1238598	1256117	1273850	1291800	1309968
4	1552945	1582375	1612365	1642921	1674051	1705765	1738069	1770971
5	1953456	1999594	2046906	2095419	2145158	2196149	2248418	2301991
6	-90362	-22845	46829	118722	192897	269419	348353	429768
7	-272813	-203498	-130569	-53894	26660	111233	199966	293006
8	-241701	-172342	-97801	-17832	67823	159427	257258	361602
9	-187953	-118237	-41692	42098	133569	233181	341411	458761
10	-9777	60848	140038	228438	326734	435650	555952	688452
11	197728	271080	354837	449942	557403	678299	813786	965095
12	437838	516102	606758	711117	830600	966742	1121205	1295783
13	711711	797483	897833	1014522	1149479	1304819	1482851	1686099
14	1030452	1126773	1240115	1372783	1527333	1706595	1913698	2152099
15	1427698	1538176	1668453	1821482	2000578	2209454	2452263	2733641
16	1912305	2041480	2193652	2372548	2582395	2827987	3114743	3448782
17	2448078	2601542	2781738	2993304	3241567	3532630	3873474	4272064
18	3098001	3282085	3497306	3749384	4044957	4391721	4798567	5275751
19	3999073	4221500	4480304	4782478	5136236	5551191	6038570	6611458
20	4980999	5252314	5566272	5931381	6357726	6857240	7443995	8134558
21	6155027	6487005	6869184	7311862	7827365	8430417	9138553	9972612
22	7428921	7835728	8301887	8839817	9464524	10194094	11050266	12059116
23	8810193	9307561	9875385	10528609	11285445	12168025	13203194	14423431
24	10304237	10909602	11598893	12390065	13305165	14371206	15621220	17095513

续表

几年后（年）	ROI=3% 累计理财准备（元）	ROI=4% 累计理财准备（元）	ROI=5% 累计理财准备（元）	ROI=6% 累计理财准备（元）	ROI=7% 累计理财准备（元）	ROI=8% 累计理财准备（元）	ROI=9% 累计理财准备（元）	ROI=10% 累计理财准备（元）
25	11918006	12650627	13483478	14438110	15541167	16825543	18331771	20109706
26	13665456	14546563	15547563	16694307	18018960	19561497	21371541	23510587
27	14429254	15482260	16678775	18049800	19634121	21480251	23648814	26215480
28	15247073	16486491	17897655	19517729	21393450	23583612	26162148	29221969
29	16122088	17563554	19210141	21106396	23308595	25887905	28934344	32561769
30	17110707	18771052	20675604	22877735	25445152	28463893	32043391	36322901
31	17409885	19307751	21495241	24036256	27012170	30526861	34713154	39741049
32	17719282	19867162	22357103	25265532	28690123	32756110	37624438	43502254
33	18039266	20450253	23263364	26569869	30486837	35165005	40799042	47640884
34	18370219	21058039	24216308	27953837	32410691	37767981	44260732	52194749
35	18712541	21691576	25218338	29422282	34470654	40580634	48035413	57205438
36	19066643	22351964	26271981	30980345	36676325	43619810	52151325	62718708
37	19671957	23279358	27618895	32872480	39276983	47142710	56878259	69023893
38	20297096	24245513	29034820	34879809	42061352	50949107	62032283	75961263
39	20942739	25252063	30523290	37009328	45042377	55061766	67651918	83594119
40	21609587	26300711	32088021	39268453	48233909	59505273	73779157	91992097
41	22298369	27393234	33732916	41665055	51650777	64306189	80459776	101231801
42	23009839	28531483	35462081	44207477	55308851	69493203	87743675	111397501
43	23744779	29717387	37279831	46904571	59225115	75097305	95685250	122581896
44	24504000	30952960	39190699	49765723	63417751	81151966	104343800	134886963
45	25288341	32240299	41199456	52800887	67906214	87693345	113783964	148424880
46	26098673	33581594	43311111	56020623	72711331	94760495	124076202	163319050
47	26935900	34979124	45530932	59436126	77855391	102395601	135297327	179705222
48	27800957	36435268	47864459	63059274	83362248	110644228	147531066	197732723
49	28694814	37952508	50317510	66902659	89257434	119555595	160868691	217565824
50	29517106	39432056	52794833	70878266	95466902	129081490	175308321	239283855
51	30362139	40968858	55394095	75090482	102109105	139367530	191045589	263171760
52	31230499	42565108	58121296	79553407	109214239	150474428	208197189	289446432
53	32122785	44223083	60982732	84281982	116814606	162467753	226890306	318346446
54	33039608	45945146	63985007	89292040	124944768	175418313	247263573	350134230
55	33981593	47733748	67135054	94600359	133641698	189402574	269468091	385098449

经过对上述不同投资报酬率下的敏感性分析计算可以发现，当 ROI 为 3% 时，第 6~10 年的累计理财准备金均为负数；当 ROI 为 4% 时，第 6~9 年的累计理财准备金也均为负数；当 ROI 为 5% 时，第 7~9 年累计理财准备金均为负数；当 ROI 为 6% 时，第 7、8 年累计理财准备金为负数，此时，理财方案基本可行。当 ROI 为 7% 时，年度理财准备金全部为正，理财方案完全可行。

（五）理财规划结论

赵先生夫妇都是公司中高层管理人员，职业和收入很稳定，处于家庭成长期阶段。但上有父母需要赡养，未来有孩子需要抚养，还有 171.5 万元的房贷需要偿还，家庭财务压力不轻。考察其家庭财务现状，目前紧急预备金保留过高，资产配置过于保守，影响了家庭资产的增值。家庭财富增值能力、财务自由度、保障能力等都明显偏低。

结合赵先生家庭目前的财务状况、理财目标和我们的理财规划，得到如下基本结论：

（1）子女抚养教育和父母赡养计划：由于该两项理财目标具有刚性需求，参照赵先生的意愿，并结合市场状况来安排相应预算，能够完全实现。

（2）家庭保险规划：为家庭成员配置了相对完善的保险，提升家庭的保障能力，防止各种事件发生对家庭财务造成冲击（该家庭处于家庭成长期，是保险需求最高的人生阶段）。保费总预算每年 38035 元，占家庭年收入 550000 元的 6.9%，控制在 10% 的合理范围内。

（3）换房规划：赵先生夫妇 6 年后计划换房，因上海房产调控政策，购置第二套房非普通住宅首付比例为 50%，现金流出太高，建议赵先生夫妇购房预算控制在 600 万元左右，并且适当延缓购房时间，在孩子上小学前的最后一年进行购买，且尽量购置满五年唯一住宅，这样无需承担所得税，增值税也会减轻，通过减轻税费来减少购房首年的现金流出。同时，申请足额公积金贷款 80 万元，其余采用商业贷款，贷款期限选择 30 年，控制每年的现金流出。

（4）购车规划：由于赵先生夫妇打算 7 年后购车及车位，建议赵先生夫妇购车预算 30 万元、车牌 10 万元、车位 8 万元，基本可以满足需要，且购车可选择 3 年零利率分期付款，减轻现金流出压力（近两年，我国车市供大于求状况显现，购车优惠条件多，选择余地大）。最后，赵先生夫妇的养老目标相对长远，养老金储备时间充足，可以保证他们享有比较理想的退休生活品质。

（5）投资规划及资产配置方案：依据赵先生夫妇的风险属性分析与测评，我们建议赵先生夫妇降低家庭的紧急预备金，仅保留家庭年支出的25%即60258元左右作为家庭紧急预备金，其余部分40%（即95896.5元）用于投资债券、60%（即143844.75元）用于投资股票上，预期投资报酬率能达到6.76%，明显高于货币类资产2%~3%的投资报酬率。

根据我们上述所提出的理财方案，预计能保证赵先生夫妇整个生涯中所有年度累计理财准备都能满足其各项支出的需求，既能保证赵先生夫妇所有理财目标的实现，而且该投资报酬率也符合赵先生夫妇的风险承受态度偏好。此外，长期来看，该投资报酬率能给财富积累带来明显的效果，在赵先生夫妇晚年能积累更丰厚的财富。值得注意的是，理财目标面向未来，因此案例中有不少假设条件，当这些条件改变时，必然会对生涯仿真表的现金流造成影响，从而影响理财方案的可行性，比如，赵先生夫妇的收入增长率如果达不到5%或者投资报酬率达不到6.76%，可能会对理财目标产生重要影响。

（六）免责声明及后续服务

1. 免责声明

本家庭理财规划仅适用于赵先生家庭，并且仅适用于指定用途。我们对于任何第三方因为使用本家庭理财规划的部分或全部内容而导致的损失不承担任何责任。

本家庭理财规划是基于赵先生家庭所提供的家庭情况、财务状况、生活环境、未来目标的信息，请客户在阅读过程中仔细核对信息后做出的。如果其中某些内容无法正确反映家庭实际状况或目标，则不能保证规划方案的合理性。

本家庭理财规划涉及金融参数假设是基于中国当前经济发展趋势所得到的较为合理预测，但是实际结果可能会与假设存在一定的误差，我们不保证未来的任何绩效。

2. 后续服务

根据赵先生家庭现状，建议每年定期调整家庭理财规划，并视家庭理财规划执行情况做出相应调整。届时若家庭情况、财务状况、生活环境、未来目标发生了重大变化，则需要重新制作家庭理财规划。本家庭理财规划是基于中国当前经济发展趋势所得到的较为合理预测，若发生重大突发性事件，请尽快向相关金融理财师进行咨询。

参考文献

[1] 北京当代金融培训有限公司. 金融理财原理 [M]. 中国人民大学出版社, 2019: 447-534.

[2] 北京当代金融培训有限公司. 金融理财综合规划案例 [M]. 中国人民大学出版社, 2019: 5-54.

[3] 北京当代金融培训有限公司, 金融理财案例分析 [M]. 中信出版社, 2012.

[4] 张云, 陈兵. 金融理财实践与案例分析 [M]. 中国财政经济出版社, 2020.

[5] 张颖. 个人理财基础 [M]. 对外经济贸易大学出版社, 2005.

[6] 李善民, 毛丹平. 个人理财规划理论与实践 [M]. 中国财政经济出版社, 2004.

[7] 罗杰. C. 吉布森. 资产分配 [M]. 吴海峰. 机械工业出版社, 2006.

[8] 陈伟忠. 组合投资与投资基金管理 [M]. 中国金融出版社, 2004.

[9] 罗瑞琼. 个人理财 [M]. 中国金融出版社, 2018.

[10] 兹维. 博迪: 投资学（第四版）[M]. 机械工业出版社, 2000.